명상이 가져다 준 선물

명상이 가져다 준 선물

지금 이 순간이 내 삶의 전부다

· 조치영 지음 ·

Right
Here
Right
Now

운주사

갠지스 강변에서 한 생각

인도에 갔다. 40대 후반에 삶에 대한 고뇌와 '어떻게 살 것인가?'라는 화두를 가슴에 품고 떠난 것이다. 사업도 해보고 도의원도 하였으나 거듭된 실패와 좌절 속에서 괴로워하다가 지치고 상처난 영혼을 치유하려고 선택한 길이었다.

인도의 북부도시인 바라나시(Varanasi)에 흐르는 새벽 갠지스 강변에 앉아서 한참을 바라보았다. 여기저기서 피어오르는 연기와 장작더미 위에서 불에 타들어가는 시신들을 하염없이 바라보고 있었다.

그 광경을 바라보는데 왈칵 눈물이 쏟아져 내렸다. '내가 잘못 살고 있구나!' 하는 자각과 함께 주체할 수 없는 눈물이 쏟아져 내린 것이다. 그리고 "이렇게 살면 안 돼", "한 번뿐인 인생을 이렇게 살 수는 없어"라는 내면의 소리가 들려왔다. 그 후 보름 동안 인도에 머물면서 내 인생을 냉철한 눈으로, 객관적으로 바라보게 되었다.

내게 혁명적인 변화가 필요하다는 것을 느꼈다. 지금처럼 살아온 허장성세의 삶의 방식에서 벗어나 내가 진정으로 하고 싶은 일을 하면서 나로 살아야겠다고 결심하였다. 얼마 후 오랫동안 살았던 도시생활을 청산하고 가족과 떨어져서 조용한 시골로 내려갔다. 나름대로 일종의 '출가'를 한 것이다.

연고가 없는 한적한 산골 집에서 혼자 2년간 살았다. 그 시간은 나에게 정화와 치유의 시간이 되어 주었다. 그곳에 살면서 구도자의 길을 가기로 결심을 하고 본격적으로 마음공부의 길을 찾아 나섰다. 여기저기 명상 단체를 찾아다니면서 공부를 하였다. 요가와 위빠사나를 공부하고, 선방에서 조사선을 공부하고, 삼천 배를 하고 화두를 받아 참선수행을 하기도 하였으며, 대학원에서 명상공부를 하기도 하였다.

그 후로 10여 년간 주로 대전과 충청지역에서 활동하면서 대학교와 시민대학, 그리고 공무원들을 상대로 명상을 지도해 왔다.

　명상은 추상적인 공부가 아니라 실생활에 도움이 되는 공부다. 명상은 마음을 다스리는 공부요, 마음을 치유하는 기술이다. 그리고 명상은 자기 자신을 찾아가는 공부이기도 하다. 명상을 통해서 마음을 치유할 수 있고, 마음을 다스리는 법을 터득하면 세상을 살기가 편해진다.

　명상은 인생의 나침반이요, 어두운 앞길을 밝혀주는 등불이다. 명상은 협소한 자아의 감옥에서 벗어나 세상과 하나가 된 참된 삶을 살게 한다. 마음의 노예에서 마음의 주인으로 거듭나게 되며, 의존적인 허약한 삶에서 벗어나 주체적인 온전한 삶을 살게 해준다.

　번뇌와 망상에 시달리지 않게 되고 감정이 순화되면서 몸과 마음이 치유되어 가벼워진다. 명상을 하는 궁극적인 이유는 잃어버린 참된 자아를 찾는 것이다. 내면에서 참된 나를 찾게 되면 삶의 큰 변화를 경험하게 된다. 명상을 통해서 진정한 나를 찾았고 잃어버린 행복도 찾았다. 명상으로 깨달음을 얻고 평온함 속에서 여여하게 살고 있다.

돌이켜보면, 내 인생이 우여곡절은 많았지만 그런 대로 잘 살아왔다고 생각을 한다. 돈을 많이 벌지 못했지만 건강을 지켰고, 잃어버린 행복을 찾았으며, 원하는 공부를 했다. 그리고 진리를 깨달았고 참된 삶 속에서 나답게 살고 있다. 그래서 여한이 없는 삶을 살고 있다.

내가 어떻게 치유되고 변화되어 왔는지, 내가 어떻게 깨달음을 얻었는지 하나의 가식도 없이 진솔하게 글을 써내려갔다. 나의 젊음과 삶을 불태웠던 명상의 경험이 독자에게 도움이 되기를 바라는 소박한 마음으로.

2022년 1월, 눈발이 흩날리는 어느 날 오후

제1장

마음평화의 여정

삶에서 가장 소중한 것은 마음의 평화다.

마음이 괴로우면 천만금이 있어도 필요 없고
맛있는 산해진미가 눈앞에 있어도 맛이 없고
온몸을 금은보화로 치장을 한다 해도 행복하지 않다.

마음이 평화로우면 굳이 행복을 밖으로 찾아나서지
않아도 자연스럽게 깃들게 된다.

나는 마음공부를 하면서 오래 지속된 정신적인 방황과
혼란스러운 삶에 종지부를 찍고 잃어버린 마음의 평화
를 되찾았다.

마음의 평화를 찾는 데 오랜 시간이 걸렸다.
마음의 평화는 건강한 삶의 토대다.

마음의 평화를 되찾다

내가 오랫동안 방황을 하다가 마음공부를 통해서 가장 먼저 얻은 소득은 '마음의 평화'이다. 지난 세월을 돌이켜보면 세상에서 마음의 평화만큼 중요한 것이 또 있을까 싶다. 마음의 평화가 바로 행복의 초석이기 때문이다.

마음이 평화로우면 굳이 행복해지려고 노력하지 않아도 자연스럽게 행복해진다. 마음이 평화로우면 세상이 아름답게 보인다. 매사를 긍정적으로 생각하고 기쁨과 감사와 사랑의 긍정적인 감정을 느끼면서 살아간다.

하지만 마음이 괴로우면 세상을 불행으로 경험하

게 된다. 마음이 괴로우면 세상을 부정적으로 바라보고 분노와 불안과 우울함 속에 빠져서 부정적인 감정의 지배를 받게 된다.

마음에도 색깔이 있고 무게가 있다. 마음이 즐거우면 세상이 밝아 보이고, 마음이 괴로우면 세상이 어두워 보인다. 마음이 즐거우면 삶이 가볍고, 마음이 괴로우면 삶이 무겁다.

내가 마음공부를 본격적으로 하지 않았던 시절에는 항상 번뇌와 망상 속에서 혼란스러운 삶을 살았다. 온갖 욕망과 집착 속에서 허우적거리면서 살았기 때문에 늘 마음이 어지럽고 정신적으로 방황을 하였다.

나의 인생은 순탄하지 않았다. 나는 20대 후반부터 30대 초반까지는 회사원 생활을 하였고, 회사를 그만두고 식당을 운영하다가 망했으며, 그후 우연한 기회에 어느 정당에서 5년간 근무하다가 국회의원 보좌관과 선거에 출마하여 잠시 도의원을 지내기도 하였다. 또한 폐기물처리업체를 만들어서 운영하다가 불가항력적인 외적 환경의 악화로 도산 일보 직전까지 내몰려서 회사를 정리하기도 하였다.

그렇게 나의 사십 대는 흘러갔다. 한마디로 나의 삶은 혼란과 갈등과 좌절의 역사였다. 그래서 스트레스를 많이 받았고 쓸데없이 사람들과 어울리면서 자주 술을 먹곤 하였다. 그러다 보니 삶은 엉망진창이었고 행복하지 않았으며, 정신적으로 늘 혼란스럽고 마음속에는 갈등이 있었다.

　　그렇게 어지러운 삶을 살던 중에 '이렇게 살면 안 된다'는 내면의 목소리가 들려왔다. 한 번뿐인 소중한 인생을 이렇게 살 수는 없다는 생각이 들었다. 늘 내면에서는 혼란스러운 삶을 정리하고 새 삶을 살아야 한다는 목소리가 들려왔다.

　　내 삶의 혁신을 위해서는 과감한 결단이 필요했다. 그래서 나이 40대 후반에 이르러 인도에 다녀온 후 모든 것을 정리하고 조용한 시골에서 사는 길을 택하였다. 낯선 산골마을의 빈집을 얻어서 2년을 혼자 살았다. 그렇게 사는 동안 상처투성이였던 마음의 병이 치유되었고, 나를 바르게 세우게 되는 계기가 되었다.

　　그렇게 살면서 내가 살아온 발자취를 선명하게 다시 보게 되었다. 혼자서 지내다 보니 지나온 삶이 마치

영화를 보듯이 몇 차례 내 머릿속에서 돌아갔다. 그렇게 내 인생을 돌아보면서 성찰의 시간을 갖게 되었다. 많은 후회와 반성을 하고, 허탈감과 분노와 슬픔을 느끼면서 여러 번 울었고 나는 그렇게 치유가 되어 갔다.

고요하고 한적한 시골 빈집에서 혼자 지내는 동안 나는 내 삶을 다시 읽게 되고 나를 제정신을 가지고 다시 보게 되었다. 그렇게 수차례 내 인생을 돌아보고 나를 다시 보는 치유와 정화의 과정을 거치면서 잃어버렸던 순수한 나를 회복하게 된 것이다.

고요는 사람을 치유하는 힘이 있다. 바람이 자고 물결이 잔잔해지면 물속의 조약돌이 훤히 드러나 보이듯이, 마음이 평온하고 고요해지면 자신의 무의식의 세계가 보이게 된다. 마음이 고요해지면서 무의식의 저변에 깔려 있던 마음속의 부정적인 감정이 거품처럼 하나하나 올라와 빠져나가면서 치유가 되었다. 그동안 흐트러진 실타래처럼 얽히고설켜 있던 내 인생의 매듭도 하나하나 풀리게 되었다.

그렇게 마음이 안정이 되고 내 삶이 정리가 되자, 이제는 남은 삶을 어떻게 살 것인가를 놓고 깊이 생각하게 되었다. 그 당시에 나는 '목숨을 바칠 만한 가치가 있는 일은 무엇인가?' '내가 가장 하고 싶은 일이 무엇인가?' '내가 가장 잘 할 수 있는 일은 무엇인가?' 하고 생각에 생각을 거듭한 결과 구도자의 길을 가기로 하였다.

이제까지 돈과 명예와 권력을 좇았던 불나방 같은 삶에서 벗어나 조용하고 청빈한 구도자의 삶으로 방향을 전환한 것이다. 그리고 그때부터 본격적인 구도자가 되기 위한 길을 걸었다.

대학원에서 명상을 공부하고 여러 시민선방과 명상단체를 찾아다니면서 명상공부를 하였다. 그렇게 5~6년 공부를 한 후에 10여 년 동안 여러 대학과 관공서 등에서 명상 강의를 하였으며, 대전에서 2년여 동안 명상센터를 설립하여 지도하기도 하였다.

명상을 가르치면서 짧은 시간 동안 사람들이 변화되고 치유되어 가는 모습을 보면서 보람을 느꼈다. 나와 함께 공부했던 분들의 명상소감문에는 이렇게 쓰여 있었다.

"명상을 통해서 새로 태어났다."

"몸 명상을 통해서 건강이 많이 좋아졌다."

"급한 마음과 분노를 조절할 수 있는 마음이 생겼다."

"마음의 평온함과 참다운 나를 발견할 수 있었다."

"나 자신을 올바르게 바라볼 수 있었고, 생활에서 접목을 하여 더 행복한 삶을 살 수 있었다."

"명상을 통해서 마음을 비우고 나를 깨워서 몸과 마음이 정화되어 너무 좋았 다. 스트레스를 받은 몸이 편안해져왔다."

마음의 평화는 모든 것을 정상으로 되돌려 주었다. 마음공부를 하다 보니 그동안 보이지 않았던, 왜곡되었던 내 인생과 상처투성이인 내 마음이 보였다. 살아오면서 생겼던 모든 문제의 원인은 세상이나 타인에게 있었던 게 아니라 나에게 있었다는 것을 깨닫게 되었다.

마음의 평화만큼 중요한 것은 없다. 마음의 평화를 일구는 것이 가장 잘 사는 길이다. 마음의 평화를 다음으로 미루어서는 안 된다. 바쁘다는 핑계로 괴롭거나 힘든 마음을 참고 억눌러 놓아서는 안 된다. 우리에게 가장 시급하고 절박한 것이 마음의 평화다. 마음속에 스트레스나 분노가 쌓여 있으면 갑작스러운 돌발 상황에 적절하고 현명하게 대처를 하지 못하거나 뜻하지 않는 사고를 칠 수 있게 된다.

마음이 평화로우면 행복은 자동으로 따라오지만, 마음이 괴로우면 행복은 멀리 도망간다. 마음이 평화로우면 삶이 조화로워지고 인간관계가 원만해져서 타인을 더 잘 이해하고 받아들이게 된다. 마음이 평화로우면 모든 것이 사랑스럽게 보인다. 마음이 평화로우면 마음의 여유가 생기게 되어 세상을 크게 그리고 멀리 보는 눈이 열리게 된다.

호흡으로 마음을 다스리다

우리는 매 순간 호흡을 하면서 살아간다. 잠시
라도 숨을 쉬지 못하면 우리는 생명활동에 지
장을 받게 된다. 호흡에 우리의 생사가 달려
있다. 잠시 숨 쉬는 것을 멈춰보면 채 1분도 숨을 참기
가 어렵다. 하지만 우리는 자신이 숨을 쉬고 있다는 사
실을 까마득하게 잊어버리고 산다.

호흡은 태어나는 순간부터 죽는 순간까지 나와 함
께한다. 숨을 쉬면 살고 멈추면 죽는다. 이처럼 호흡은
나와 분리해서 생각할 수 없다. 호흡은 내 삶의 토대이
며 내 삶의 일부분이다. 따라서 자주 호흡을 의식하면
서 살아야 한다. 호흡을 되찾는 것은 자신의 삶을 되찾

는 것이다.

나는 마음공부를 한 이후로 오랫동안 호흡으로 마음을 다스려 왔다. 호흡은 마음의 바로미터이다. 호흡을 보면 자신의 마음상태를 바로 알 수 있다. 마음이 흐트러지면 호흡도 흐트러지고, 호흡이 흐트러지면 마음도 흐트러진다. 호흡이 안정되면 마음도 안정되고, 마음이 안정되면 호흡도 안정된다.

호흡을 이용해서 자신의 내면으로 들어갈 수 있다. 호흡은 내면으로 들어가는 징검다리이다. 호흡은 내면으로 들어가기 위한 관문이요 통로라고 볼 수 있다. 호흡을 알아차리고 있으면 아무리 혼란스러운 마음도 차츰 안정을 되찾게 된다. 호흡을 바라보고 있으면 힘들고 괴로운 마음도 가라앉고 고요해지면서 평온을 되찾게 된다.

호흡은 마음을 치유하는 힘을 가지고 있다. 나는 혼자 지내면서 자주 호흡명상을 하였다. 호흡명상을 통해서 고장난 내 삶과 병든 내 마음을 치유하였다. 호흡은 불안하고 산란한 마음을 안정시킨다. 호흡을 하면 들떠 있던 마음이 차분하게 가라앉게 되어 점점 고요해진다.

마음이 평온하고 고요해지면 지나온 삶의 궤적과 함께 아프고 상처난 마음이 또렷하게 보인다. 처음에는 더 아프고 힘이 들었다. 하지만 그것을 있는 그대로 받아들이고 관찰하다 보니 마음이 점차적으로 정화되면서 차츰차츰 치유가 되어 갔다.

배에 집중하고 명상을 하는 것이 좋지만, 몸을 치유하기 위해서는 몸에 집중을 하고 호흡을 하는 것이 좋다. 호흡과 몸은 정직하다. 몸은 자신의 영혼을 반영하고 호흡도 마음의 상태를 있는 그대로 반영한다. 몸을 전체적으로 바라보면서 호흡을 하고, 부분적으로 나누어서 관찰하면서 호흡을 하였다. 몸에서 통증이 느껴지거나 이상을 느끼는 부위에 집중을 하고 호흡을 하였다. 그렇게 호흡을 하다 보면 몸이 가벼워지고 통증이 사라졌다.

호흡을 바라보는 시간은 나에게로 돌아오는 시간이다. 가만히 앉아서 몸속으로 숨이 들어오고 나가는 것을 관찰하다 보면 나를 만날 수 있다. 생각으로 만들어낸 허구적인 세상에서 벗어나 내면의 순수한 나와 청정한 마음자리를 만나게 된다.

수시로 호흡을 하면서 내 마음을 살펴보고 참된 나로 돌아온다. 지하철이나 버스를 타고 갈 때, 사무실에서 근무하다가 잠시 눈을 감고 배에 집중하고 들어오고 나가는 호흡을 알아차린다. 아니면 운전 중에 차가 막히거나 지하철이나 버스를 기다릴 때, 혹은 걸을 때도 자주 호흡을 알아차리면서 걷는다.

호흡을 알아차리고 있으면 마음이 즐거워진다. 호흡을 관찰하고 있으면 흐트러졌던 마음이 차분해진다. 호흡에 집중을 하면 마음이 정화되어 간다. 호흡을 하다 보면 마음이 정갈해진다. 구름이 걷힌 후 맑은 하늘이 드러나듯이 마음을 산란하게 하는 생각이 걷히고 순수한 나로 돌아온다.

호흡을 알아차리는 것은 깨어 있는 훈련이다. 호흡을 알아차리면 온갖 생각 속에서 헤매던 마음이 제자리로 돌아오게 된다. 호흡을 알아차리면 밖으로 떠돌던 마음이 지금 이 순간으로 돌아오게 된다. 호흡을 알아차리면 과거나 미래가 아닌 지금 이 순간을 살게 된다.

호흡은 집중력을 키우는 훈련이기도 하다. 주의력이 떨어진 사람이 호흡 수련을 하면 집중력이 향상된다. 호흡 수행을 지속하면 마음이 평온해지면서 직관력과 통찰력이 생기게 된다. 사고의 패턴을 거치지 않고 보는 직관력과 사물의 본질을 꿰뚫어 보는 통찰력이 생긴다. 그것은 마음이 맑아지면서 생기는 현상이다.

호흡 명상은 뇌파를 안정시키고 몸과 마음을 건강하게 하는 호르몬을 분비시킨다. 호흡으로 마음이 안정되면 보다 명쾌한 눈으로 자신의 생각이나 감정을 살펴볼 수 있게 되며, 내적 균형감을 갖추어 행동할 수 있게 된다.

호흡은 참된 나를 되찾는 훈련이기도 하다. 잠시만 방심해도 우리 마음은 방향을 잃고 이리저리 헤매게 된다. 하지만 호흡을 알아차리고 숨을 들이마시고 내쉬다 보면 주인 행세를 하던 에고가 물러나고 내면에 참나가 자리를 차지하게 된다.

호흡을 통해서 마음을 다스리면서 살아야 한다. 호흡을 자주 살피는 것이 명상이요, 마음공부의 요체다. 호흡을 살피다 보면 마음을 살필 수 있기 때문이다. 호흡 훈련을 하다 보면 스트레스와 긴장이 풀리고, 화가 나고 우울하고 불안한 마음이 사라지게 된다.

가만히 살펴보면 내 의지와 관계없이 호흡이 이루어지고 있으며, 호흡으로 인해 혈액순환이 되고 장기가 움직이고 있다는 것을 알 수 있다. 호흡을 가만히 지켜보고 있으면 내 자신이 우주요 자연이라는 것을 깨닫게 된다.

호흡은 내 삶을 이끄는 스승이요, 내 삶의 동반자이다. 호흡을 하면서 나는 우주와 분리될 수 없는 하나라는 것을 깨닫게 되었다. 호흡을 하다 보면 감사한 마음이 우러난다. 호흡을 알아차리고 있으면 사는 게 즐거워지고 마음속이 충만함으로 가득해진다.

마음의 주인으로 거듭나다

명상을 공부하기 전에는 마음을 컨트롤할 줄 모르고 마음이 시키는 대로 따라다니는 마음의 노예로 살아왔다. 그래서 불안하기도 하고 우울하기도 하고 화도 자주 내며 갈등과 혼란 속에서 살면서 마음이 엉망이 되기가 일쑤였다.

이처럼 마음공부를 하지 않는 사람은 자기 마음을 다스릴 줄 모른다. 아무리 학식이 많고 지위가 높고 돈이 많아도 마음공부가 안 된 사람은 자신의 감정과 생각과 느낌과 욕구를 다스릴 줄 모른다.

명상공부를 한 후로 나는 내 마음을 잘 컨트롤하면서 살고 있다. 쉽게 마음이 동요되지 않고 혼란스러워지는 일이 없으며, 거의 화를 내지 않거나 우울해지지 않으며, 잠시 화가 나는 일이 생기거나 불안한 마음이 생기면 오래 가져가지 않고 그 마음을 금방 수습해 버린다.

다시 말하면, 부정적인 감정이 올라와도 거기에 오래 젖어 있지 않고 빨리 해결해 버린다. 화가 나도 오래 끌지 않고 해결해 버리고, 우울한 마음이나 불안한 마음이 들어도 오래 끌지 않고 금방 해결해 버린다.

마음공부를 하기 전에는 항상 마음의 지배를 받으면서 살아왔다. 어떤 생각이 일어나면 생각에 끌려다니고, 화가 나면 화난 대로 말하고 행동을 하였다. 대상과 접촉하면서 생기는 느낌에 따라서 마음이 춤을 추고, 어떤 욕구가 일어나면 그 욕구를 좇으면서 살았다.

스트레스를 받으면 만만한 내 가족에게 짜증을 부리고 자주 화를 내곤 하였다. 그래서 순박한 내 아내와 어린 아들에게 자주 상처를 주었다. 우울한 마음을 주체하지 못하고 무기력해져서 무표정하고 맥없는 얼굴로 지내기도 하였다.

하지만 마음공부를 한 후부터는 쉽게 마음이 혼란

에 빠지지 않고, 마음이 불편하거나 균형을 잃을 때면 그것을 금방 알아차리고 호흡을 통해서 균형을 잡고 수습의 단계로 들어간다.

예전에는 생각이 내 자신인 줄 알고 일어나는 생각에 빠져서 괴로워했지만, 생각은 파도처럼 생겼다가 사라지는 허구라는 것을 알기 때문에 손쉽게 생각의 지배에서 벗어날 수 있게 되었다.

부정적인 감정이 일어나면 그것을 알아차리고 빠져나온다. 화가 날 때 '내가 지금 화가 났구나!' 하고 알아차리면 그 화난 마음을 수습할 수 있다. 마음이 우울할 때도 '내가 지금 우울하구나!' 하고 알아차리면 우울한 마음을 쉽게 수습할 수 있게 되었다.

화나 불안감, 우울함 등의 감정은 실체가 없으며 텅 비어 있다. 그래서 그런 감정은 오래 가지 않고 흩어져 버린다. 그것을 알기 때문에 화나 불안감이나 우울한 마음 등에 압도당하지 않고 쉽게 풀어 버린다.

부정적인 감정을 해결하기 위한 방법의 핵심은 '알아차림'과 '관찰'이다. 알아차리면 수습할 수 있지만, 알아차리지 못하면 그 마음에 점령당한 채 끌려다니게 된다. 마음이 불편할 때면 가만히 눈을 감고 가슴에 집중을 한다. 그러면 자신의 마음상태를 있는 그대로 느낄 수 있다. 그리고 올라왔던 그 마음이 어떻게 변해 가는지 관찰을 한다. 화난 마음이 어떻게 변해서 사라지고, 불안하고 슬픈 마음이 어떻게 변해서 사라졌는지 관찰을 한다.

그렇게 늘 깨어서 내 마음이 어떻게 작용하는지를 알아차리고 주시하기 때문에 마음의 장난에 놀아나지 않게 된 것이다. 하지만 하루아침에 그렇게 된 것은 아니다. 적어도 수년 동안 매일 마음 관찰 일기를 쓰면서 내 마음을 살펴보았기 때문에 가능했던 것이다.

구름이 사라지면 파란 하늘이 드러나듯이, 마음을 점령하고 있던 생각과 감정에서 벗어나 마음이 평온해지면 자연스럽게 순수한 마음의 바탕이 드러나게 된다. 지금 이 순간으로 돌아와서 생생하게 지금 여기를 살게 된다. 지금 이 순간 숨 쉬고 있는 나를 느끼고, 본래의 나로 돌아오게 된다.

마음의 장난으로부터 벗어나면 자연스럽게 마음은 호수처럼 잔잔해지고, 푸른 하늘처럼 맑아져 온다. 마음이 맑아지고 평온해지면 저절로 마음이 즐거워지고 사는 게 재미가 있어진다. 그래서 삶이 노래가 되고 춤이 된다.

내 마음은 금방 주변 사람들에게 영향을 미친다. 내 마음은 항상 타인에게 전파된다. 내가 마음이 편안하면 주변 사람들도 마음이 편안하지만, 내 마음이 불편하면 타인의 마음도 따라서 불편해진다.

내가 우울하면 가족이나 주변 사람들도 우울하게 만든다. 내가 화가 나면 주변 사람들의 마음이 불편해진다. 그래서 편안한 마음과 밝은 얼굴로 사는 것이 주변 사람을 편하게 해주는 것이다.

사람들은 누구나 밝고 환한 얼굴을 좋아하고 부드럽고 편안한 사람을 좋아한다. 화를 잘 내거나, 우울하고 어둡고 무거운 얼굴을 한 사람을 싫어한다.

어둡고 굳어 있는 표정과 퉁명스러운 말은 남의 기분을 상하게 하고 상처를 주지만, 밝고 환하고 편안한 얼굴과 부드러운 말은 타인에게 큰 선물인 줄 알아야 한다.

깨
어
있
는
삶
을
살
다

내 삶에 큰 변화를 가져다 준 것은 '깨어 있음'
이었다. '깨어 있다'는 것은 자신의 몸과 마음
의 작용과 움직임을 지켜보면서 알아차린다
는 뜻이다. 다시 말하면, 자신이 경험하고 있는 것을 주
시하고 생생하게 경험한다는 뜻이다.

자신이 무슨 생각을 하는지, 어떤 감정의 지배를 받
고 있는지, 마음속에서 일어나는 어떤 욕망에 점령당해
있는지, 움직이고 걷고 말하고 먹는 등의 행동을 지켜
보는 것이며, 자신이 무슨 짓을 하고 있는지 알아차리
고 지켜보는 것이다.

지켜보고 알아차리다 보면 변화가 생기게 된다. 이

리저리 날뛰던 마음이 자리를 잡아가고, 혼란스러운 마음이 가라앉고 삶에 질서가 서게 된다. 몸과 마음이 평화로우면 삶이 하나로 조율이 되어 차츰 안정을 되찾게 된다.

이처럼 '깨어 있음'이 무엇인지를 모르고 살 때는 삶이 엉망진창이었고 마음속에는 괴로움이 가득하였다. 에고의 장난에 놀아나면서 온갖 잡동사니들이 마음속에 가득하였다. 쓸데없는 잡생각들로 마음이 어지럽고 다가올 미래를 생각하면서 걱정과 불안함 속에서 살아왔다.

깨어 있는 삶을 살면서 내 삶에 큰 변화가 생기게 되었다. 삶이란 다른 곳에 있는 것이 아니라 순간순간에 있다는 것을 깨닫게 되었다. 깨어 있게 되자 매 순간이 소중하게 느껴지고, 매 순간이 기적이요 축복이라는 것을 깨닫게 되었다.

'깨어 있으라'는 것은 '지금 이 순간을 살라'는 뜻이다. 깨어 있지 못하면 과거나 미래를 살면서 현재를 온전히 경험하지 못한다. 지나간 과거를 생각하면서 집착하고 아직 오지 않은 미래를 상상하면서 걱정을 한다.

나도 마음공부를 하기 전에는 온갖 번뇌와 망상 속에 살면서 인생을 낭비하였다.

'깨어 있으라'는 것은 지금 이 자리로 돌아오라는 뜻이다. 깨어 있으면 바로 이 자리로 돌아오게 된다. 생각이 일어났다가 사라지는 자리, 감정이 일어났다가 사라지는 자리, 새소리가 들렸다가 사라지는 자리, 바람이 왔다가 가는 것을 알아차리는 이 자리로 돌아오게 된다.

'깨어 있다'는 것은 에고의 지배를 벗어나 '참나'로 산다는 뜻이다. 깨어 있으면 항상 지금 이 순간을 살기 때문에 에고가 멋대로 나를 이리저리 끌고 다니지 못한다. 우리는 깨어 있을 때 마음의 지배를 받지 않고 내면의 순수의식으로 살게 된다.

그렇게 늘 깨어서 자신의 마음과 몸과 행동을 알아차리고 관찰하다 보면, 습관적인 삶의 지배에서 벗어나게 되고, 자신을 주도적으로 컨트롤하면서, 참된 자기 인생의 주인으로 살게 된다.

우리는 식사를 하면서도 어떻게 하는지 모르고 하고, 운전을 할 때도 어떻게 했는지 모르고 하고, 걸어왔으면서도 어떻게 걸어왔는지 모르고, 설거지를 할 때도 어떻게 했는지 모르는 경우가 많다. 왜냐하면 다른 생각에 빠져 있기 때문이다.

깨어 있는 훈련이 되어 있지 않으면, 무의식의 지배를 받아서 기계적이고 습관적인 삶을 살게 된다. 매일 기계적으로 일어나서 일하고 잠자고, 습관적으로 핸드폰과 TV에 빠져서 살고, 로봇처럼 먹고 입고 걸으면서 살아간다.

깨어 있지 못하면 마음의 지배를 받아서 괴로움 속으로 빠져들게 된다. 온갖 생각들에 점령당한 마음은 쉽게 짜증을 내고, 우울해지고, 불안하고 긴장하게 된다. 깨어 있지 못하면 과거에 매여서 아쉬워하고 후회하면서 집착하고, 미래를 상상하면서 걱정과 불안 속에서 살아가게 된다.

깨어 있지 못하면 헛된 몽상과 망상 속에 살면서 소중한 인생을 낭비하게 된다. 깨어 있지 못하면 지금 이 순간을 살지 못하고 생각이 만들어낸 허구적인 세상 속에서 살아간다. 그래서 깨어 있지 못하면 자기가 자신에게 속게 된다.

깨어 있으면 인생은 소풍이 된다. 깨어 있으면 안개가 걷힌 후 앞산이 선명하게 드러나 보이듯이, 매 순간이 생생하게 살아나고 꽃처럼 아름답게 피어난다. 깨어 있으면 매 순간이 신비롭고 경이롭게 느껴진다.

깨어 있으면 사는 게 즐거워진다. 깨어서 매 순간을 생생하게 경험하기 때문에 마음속에서 희열과 즐거움을 느끼게 된다. 눈에 보이는 세상이 한층 아름답게 보이고, 음식도 깊이 음미할 수 있어서 더 맛있게 느껴지고, 사람들과 교류하는 것도 재밌게 느껴진다.

깨어 있을 때 삶은 무지개처럼 아름답다. 깨어 있을 때 삶에 생기가 생기고 활력이 붙게 된다. 깨어 있을 때 살아 숨 쉬고 있는 것만으로도 감사하고 기뻐하게 된다. 깨어 있을 때 몸과 마음과 영혼이 통합되어 조화로운 삶을 살게 된다.

깨어 있는 사람은 평온하다. 깨어 있는 사람은 구름에 달 가듯이 유유히 살아간다. 깨어 있는 사람은 삶이 균형과 조화를 이루게 되어 차분하고 편안하다. 깨어 있는 사람은 바쁘게 쫓기지 않고 여유 있는 마음으로 매 순간을 즐기게 된다.

깨어 있으면 허튼짓을 하지 못한다. 꼭 해야 할 일만 하게 된다. 왜냐하면 자신이 무슨 생각을 하고 무슨 짓을 하고 있는지 주시하기 때문이다. 깨어 있는 사람에게는 근심과 걱정이 없다. 깨어 있는 사람은 불필요한 욕망에 빠지지 않고 어떤 것에 쓸데없이 집착하지 않기 때문이다.

깨어 있는 훈련이 잘되어 강력하게 현존하게 되면 내가 꽃이 되고 꽃이 내가 되고, 내가 하늘이 되고 하늘이 내가 된다. 생각이 사라지고 없는 세상을 경험하게 되면 모든 경계가 사라지고 주관과 객관이 합일되는 깊은 체험을 하게 된다.

깨어 있는 사람은 죽음이 찾아오는 순간에도 평온하게 지켜 볼 수 있다. 숨이 끊어지는 그 순간까지 생생하게 자각하고 삶을 주시한다. 목숨이 끊어지면 육신은 죽어서 원소가 모두 흩어지지만, 육신에 매여 있던 개체의식은 우주의식으로 합일된다. 그렇게 시공을 초월하게 되어 영원과 하나가 된다.

행복지수가 높아지다

나는 행복하다. 나는 10여 년 전부터 행복도를 측정해 보면 최고로 높게 나온다. 행복하다는 것은 삶에 문제가 없이 잘 살고 있다는 것이다. 행복하다는 것은 몸과 마음이 편안하고 건강하다는 의미이기도 하다.

우리는 행복하기 위해서 산다. 누구나 행복을 좇고 있다. 학교에 다니는 것이나 직장에 다니는 것이나 사업을 하는 것이나, 연애를 하는 것도 결혼을 하는 것도 아이를 낳는 것도 행복하기 위해서 하는 것이다.

나는 과거에 불행하였다. 10대 후반부터 30대까지는 불행하였다. 그리고 40대 중반까지는 정신적으로 혼란스러웠다. 수많은 실패와 좌절을 겪으면서 불행 속에서 살았다. 수많은 갈등과 정신적인 방황 속에서 화를 잘 내고 자주 술에 취해서 살았었다.

10대에는 어머니가 돌아가시고 아버지가 재혼하면서 갈 길을 잃고 방황하였으며, 20~30대에는 직장에서 적응하지 못하고 퇴사를 한 후 민주화운동을 하면서 힘들게 살다가 6월 항쟁으로 민주화가 된 이후 정당 사무처에서 근무하였다. 40대에 들어서 도의원을 한 번 하고 그만 두었으며, 사업을 하다가 실패한데다 정신적으로 따르고 의지했던 유력 정치인이 작고하여 삶의 방향을 잃고 정신적으로 방황을 하였다.

수많은 실패와 좌절과 상실의 아픔 속에서 괴로워하였다. 하지만 나는 이것을 모두 극복해냈다. 행복은 경제적인 안정과 건강과 마음의 평화가 뒷받침이 되어야 가능하다. 생계를 꾸릴 수 없는 빈곤이나 몸이 아프거나 마음이 괴로우면 행복은 멀리 도망가고 만다.

행복은 마음에 달려 있다. 앞에서 말한 행복을 위한 세 가지 조건 중에서 마음의 평화가 가장 중요하다. 아무리 재산이 많아도 마음이 불편하면 행복할 수 없고, 아무리 건강해도 마음이 괴로우면 행복할 수 없기 때문이다. 하지만 가진 게 없고 건강이 좋지 않더라도 마음을 편안하게 쓸 줄 알면 괴로움은 그만큼 줄어들게 된다.

미국의 소설가 너대니얼 호손(Nathaniel Hawthorne)은 행복에 대해서 이렇게 말하였다. "행복은 나비와 같다. 잡으려고 좇아다니면 항상 달아나지만 가만히 앉아 있으면 당신의 어깨에 내려와 앉는다." 참으로 행복을 절묘하게 표현하였다.

마음이 괴로우면 행복은 멀리 도망가고 마음이 편하면 달빛처럼 스며든다. 마음은 비우면 편해진다. 마음속에 번뇌가 있거나 생각이 많으면 마음은 어지러워지고 불편해진다. 쓸데없는 욕심을 부리면 마음의 평화가 깨지게 되고, 마음을 괴롭히는 독 중의 독이 바로 집착이다.

집착하면 마음은 병들게 된다. 집착은 눈 뜬 장님으로 만든다. 오직 한 가지에 꽂혀 있기 때문에 융통성이 없고 합리적인 사고를 하지 못한다. 그래서 사고를 치거나 문제를 일으키는 대부분의 사람들은 무엇엔가 집착하는 사람들이다.

　나는 마음공부를 통해서 나를 구제하였다. 방향을 잡지 못하고 허우적거리던 나를 바르게 세울 수 있었고, 엉망진창이요 상처투성이였던 내 삶을 정상으로 회복하여 건강하고 행복하게 될 수 있었다.

　나는 언제부터인지 마음의 평화를 내 삶의 가장 중요한 부분으로 인식하면서 살아가고 있다. 만병의 원인인 스트레스를 받지 않게 잘 조절하고, 균형과 조화를 중심 가치로 삼는 중도中道를 중요한 삶의 지침으로 삼아서 살고 있다.

나는 혼자 지내는 시간을 좋아한다. 혼자 지내
면 영혼의 소리를 들을 수 있고 본래의 나로
살 수 있기 때문이다. 아무것도 하지 않고 혼
자 조용하게 지내면 내면의 소리를 들을 수 있어서 좋
다. 혼자 있을 때 나와 함께 충만해진다.

　　내면의 나는 생각과 느낌에 끌려다니는 '가짜 나'가
아니라 내 안에서 밝은 등불을 켜고 늘 깨어 있는 부처
요 하느님이다. 그러니까 홀로 지내면 내 안에 있는 하
느님과 함께 살고 내 안에 있는 부처님과 동거를 하는
것이다.

　　마음공부를 하기 전에는 늘 생각과 감정과 느낌이

'나'인 줄 알고 살았고, 에고가 내 주인인 줄 알고 에고가 시키는 대로 살았다. 솔직히 말해서 내 안에 참나가 있는 줄도 모르고 살았다.

그래서 정신적으로 방황을 하고 마음속에는 갈등이 많았으며, 삶이 늘 불안하고 화를 자주 내고 우울함에 빠져서 살았다. 마음속에서는 채워지지 않는 결핍감과 부족감을 느끼고 불만족 속에서 살아왔다.

나는 오랫동안 살던 도시를 떠나 시골집에서 혼자 살면서 나에게로 돌아오는 시간을 갖게 되었다. 고요하고 한적한 시골집에서 2년 동안 조용히 혼자 지내다 보니 자연스럽게 내면의 소리를 듣게 되고 마음에 물들지 않은 순수한 나를 만나게 된 것이다.

독거한처獨居閑處에서 조용하게 혼자 지내다 보면 가장 순수한 '참나'를 만나게 된다. 아무런 생각이나 감정에 물들지 않는 본래의 나로 돌아오게 된다. 나는 시골집에서 혼자 살면서 아무런 소음이 없는 밤이 되면 벽에 기대고 앉아서 그 적막한 시간이 너무 좋아서 울었다.

내 안의 가장 순수한 나를 만나니 눈물이 났다. 그

동안 나를 괴롭게 하고 힘들게 했던 '때 묻은 나'가 사라지고, 마음이 평온하고 고요해지면서 '순수한 나'를 만나게 되어 기쁨의 눈물을 흘린 것이다.

세상에서 나를 만나는 순간만큼 행복한 순간은 없다. 본래의 나를 만날 때 충만해진다. 고요하고 순수한 나와 함께 내 삶은 기쁨으로 충만하다. 무엇엔가 쫓기던 삶에서 벗어나 마음속에서 번뇌가 사라지고 망상이 사라져 진정한 나를 만나게 되면서 잃어버린 행복을 찾게 된 것이다.

혼자서 밥을 짓고, 빨래하고, 청소하고, 밭일을 하고, 오솔길을 산책하면서 살아 있는 기쁨을 만끽하였다. 혼자서 흘러가는 흰 구름을 바라보면서, 밤하늘의 별들을 바라보면서, 눈이 내리는 풍경을 바라보면서, 바람소리를 들으면서, 빗소리를 들으면서 나와 함께 내 삶은 충만해진다. 내 일생에서 가장 행복했던 순간은 이렇듯 산골마을에서 혼자서 지낼 때였다. 고요하고 한적한 시골집에서 혼자서 한가롭게 지내는 일이 최고로 행복했다.

나는 혼자 지내는 시간을 그 무엇보다도 소중하게

생각한다. 지금도 기회만 되면 나 혼자서 지낸다. 나는 이 공부를 한 후로 혼자서 지내는 시간이 아주 많아졌다. 대전의 변두리 주택에서 10년 동안 살 때도 아내가 직장에 다니는 관계로 혼자서 지내는 날들이 많았다.

주로 혼자 지내면서 텃밭을 일구고 꽃을 가꾸면서 때때로 글을 쓰고 학교에 명상을 가르치러 다녔다. 혼자 지내다 보면 가슴속에서 글이 우러나왔다. 그때 시골집과 대전 변두리 주택에서 살면서 쓴 글들을 모아서 『나를 만나는 기쁨』이라는 책을 출판하게 되었다.

나는 혼자 있을 때가 가장 행복하다. 혼자 지낼 때가 가장 나다워진다. 혼자서 책을 읽고, 혼자서 글을 쓰고, 혼자서 음악을 듣고, 혼자서 밥을 지어 먹고, 혼자서 차를 마시고, 혼자서 산책을 하면서 내 영혼의 뜰을 가꾼다.

내 아내는 그런 나를 항상 지지하고 응원해 주었다. 돈을 벌지 않는다고 타박하지 않았고, 무슨 일을 하든지 불평하지 않고 나를 배려하고 도와주었다. 내 아내의 정성과 사랑으로 나는 마음공부를 충실하게 할 수 있었다.

마음이 여유로워지다

마음공부를 하기 전에는 내 삶에 너무 힘이
들어가 있었다. 너무 심각하게 살았고 너무 경
직되어 있었다. 항상 고민거리를 짊어지고 살
았고, 무엇을 해야 한다는 강박관념에 사로잡혀 삶이
천근만근 무겁게 느껴졌다.

늘 마음속에 갈등이 있고 정신적으로 혼란스러워
평화롭지 못했다. 그렇게 힘들게 살았던 것은 무엇을
해야 한다는 강박심리와 함께 무엇을 가지려고 하는 소
유욕망 때문이었다.

오랫동안 살았던 도시를 떠나 낯선 시골로 이사를
하면서 내 삶에 큰 변화가 일어났다. 새로운 인생을 살기 위한 결단이었다. 직장생활을 하다가 실패하고, 식당을 운영하다가 실패하고, 사업을 하다가 실패하고, 정치를 하다가 실패하는 등 계속되는 실패와 좌절로 인해서 스트레스를 받고 술을 자주 마시고 비생산적인 인간관계 속에서 나날이 망가져 가는 나를 구출하기 위한 결단이었다.

그곳을 떠나서 몇 년을 살아보니 그 당시에 그렇게 심각하게 생각했던 일들도 별것 아니었고, 그렇게 힘들게 살 필요도 없었다는 것을 깨닫게 되었다. 그것이 아니면 못 살 것처럼 심각하게 생각하고 고민했던 일들이 우습게 보였다.

내가 다시 마음의 여유와 행복을 되찾게 된 것은 순전히 마음공부 덕분이다.

생활환경을 바꾼 후 마음이 편해진 것도 있지만 본격적으로 명상공부를 하면서 나의 모습과 삶을 적나라하게 돌아보고 대오각성을 할 수 있었다.

명상은 '비움'과 '내려놓음'이다. 모든 것을 내려놓고 마음을 비우자 아주 경직되어 있던 몸과 마음이 풀리고, 무겁게 지고 다니던 삶의 무게가 가벼워지고 마음이 편안해지면서 여유를 찾을 수 있게 되었다.

마음공부는 비우고 내려놓는 연습이라고 볼 수 있다. 혼자 지내면서 나는 나에게 꼭 필요한 것 외에는 하나하나 버리고 지워나갔고, 그동안 소중하게 생각하고 추구해 왔던 돈과 명예와 권력을 좇던 꿈을 모두 내려놓았다.

그리고 매일 아침과 저녁에 좌선을 하고 매 순간을 알아차리는 깨어 있는 연습을 하였으며, 끝없이 일어나고 스러지는 생각을 관찰하자 생각의 감옥에서 벗어나면서 점차 자유로워져 가고 마음이 평온해져 갔다.

멋대로 왔다가 사라지는 생각을 알아차리고 순간순간 깨어 있게 되자 헛된 번뇌와 망상에 빠지지 않게 되고, 마음속에서 근심과 걱정도 사라지게 되었다. 식사할 때, 걸을 때, 밭일을 하거나 요리와 설거지를 할 때, 식사를 하거나 차를 마실 때 그 순간에 깨어 있었다.

하루에 두 번씩 호흡과 함께하는 명상을 하면서 무의식이 점차 정화되어 갔다. 아침에 일어나서 하고 잠자리에 들기 전에 하였다. 한 번에 30분에서 한 시간까지 하다 보면 마음이 아주 평온하고 고요해졌고 머리가 아주 맑아지고 몸도 가벼워져 갔다.

그렇게 하면서 마음이 정화되어 맑아졌으며 몸에도 활력이 생기게 되었다. 그런 과정을 통해서 마음이 점점 여유로워져 갔다. 마음이 여유를 찾게 되자 자연스럽게 행복도 깃들게 되었고, 그동안 보지 못했던 세상이 모두 아름답게 다시 되살아나기 시작하였다.

마음의 여유가 행복이다. 마음의 여유는 삶의 여백이다. 아무리 지위가 높고 돈이 많아도 마음에 여유가 없으면 행복을 느끼지 못한다. 내가 그동안 불행하게 살아온 것은 마음이 평화롭지 못하고 마음의 여유가 없었기 때문이다.

나에게 명상은 단비와도 같았다. 시들어가는 꽃나무에 물을 주면 다시 생기를 되찾게 되듯이, 명상이 스트레스와 나쁜 습관으로 차츰 생기를 잃고 시들어가던 내 삶을 다시 살려낸 것이다. 명상은 갈 길을 잃고 헤매던 내 삶의 길을 알려주는 나침반이요, 어두운 길을 밝혀주는 등불이 되어 주었다.

감사하면서 살다

나는 요즘 늘 감사하면서 산다. 매사가 감사하고 사소한 일도 감사하게 느껴진다. 하지만 마음공부를 하기 전에는 감사할 줄 모르고 불평불만 속에서 살았다. 걸핏하면 불평을 늘어놓고 마음속에 불만족으로 분노와 함께 우울함 속에서 살았다.

마음공부를 한 후로 어수선하고 혼란스러웠던 마음이 평온해지면서 부정적인 감정으로 가득했던 마음이 정화되자 불평불만이 사라지고 감사하는 마음이 생겼다. 그동안 감사할 일이 너무나 많았는데도 감사할 줄 모르고 불행하게 산 것이다.

나는 요즘 눈을 뜨면 그 자리에 누워서 두 손을 모

으고 잠시 몸속으로 드나드는 숨을 지켜본 후 감사기도를 한다. 또 아침 해가 떠오르면 두 손을 가슴에 모으고 머리를 숙인 후에 기도를 한다.

"오늘 주신 선물을 감사히 받아서 쓰겠습니다."
"오늘 허락해주신 하루를 잘 살겠습니다."

이렇게 나는 하루를 감사로 시작하고 감사로 마무리한다. 아침에 일어나면 그 자리에서 감사기도를 하고, 잠자리에 들어서도 감사기도로 하루를 마무리한다.

"오늘 하루도 잘 살았습니다. 감사합니다."

그리고 나는 하루 일을 시작하기 전에 항상 이렇게 먼저 감사기도를 한다.

"살아 숨 쉬고 있어서 감사합니다."

지금 이렇게 살아서 숨 쉬고 있음에 감사한다. 살

아 숨 쉬면서 사랑하는 사람의 눈망울을 바라볼 수 있음에, 이렇게 아름다운 세상을 보고 느끼고 경험하면서 살고 있음에 감사한다.

"건강하게 일할 수 있어서 감사합니다."

건강은 삶의 밑천이다. 건강을 잃으면 모든 것을 잃게 된다. 지금 이 순간에도 몸이 아파서 움직이지 못하는 사람들이 많이 있다. 병실에서 창밖을 내다보고 길거리를 걷고 있는 사람들을 바라보면서 부러워하는 사람들도 있다. 그러니 어찌 감사하지 않을 수 있겠는가.

"당신이 내 곁에 있어서 감사합니다."

우리는 누군가의 도움을 받고 있다. 내가 땀 흘려 수고하지 않은 농산물로 밥을 지어 먹고 살고, 내가 만들지 않은 옷을 입고, 내가 짓지 않은 집에서 살고, 내가 닦지 않은 길을 걷는다. 타인들이 있어서 카페나 음식점이나 백화점에도 가고, 타인들이 있기 때문에 핸드

폰을 사용하고 버스나 지하철을 탄다. 내가 모르는 타인이 있기 때문에 내가 이렇게 편안하게 살고 있으니 어찌 감사하지 않을 수 있겠는가.

"내 삶을 도와준 온 세상에 감사합니다."

해와 달과 별이 나를 도와준다. 지구와 구름과 물과 산과 바다가 내 삶을 도와준다. 우주는 내 삶의 터전이 되어 주고, 지구와 산과 들과 바다는 내 생존에 필요한 것들을 제공해준다. 자연은 나를 먹여 살린다. 그러니 참으로 감사하다.

"살아 있는 모든 생명체에게 감사합니다."

다른 생명체가 있기 때문에 내 생존도 가능하다. 모든 살아 있는 생명체에게 감사하다. 벌과 나비와 개미와 새들에게 감사하고, 물고기와 닭과 돼지와 소에게 감사하고, 개와 고양이에게도 감사하다. 풀과 나무에게도 감사하고, 돌과 바위에게도 감사하다.

감사도 명상이 가져다준 선물 중의 하나이다. 마음 공부를 한 후로 마음이 치유되면서 자연스럽게 감사하는 마음이 자리 잡게 되었다. 부정적인 감정의 에너지가 빠져나가자 긍정적인 에너지가 그 빈 곳을 채워준 것이다.

감사와 행복은 함수관계에 있다. 감사하면 행복하고 행복하면 감사하게 된다. 감사하면 불평불만이 없어진다. 늘 감사하면서 사는 사람은 행복하다. 사소한 일에도 감사해 하는 사람은 사소한 일로도 행복하다.

내가 행복해야 타인도 행복하게 할 수 있다. 자신이 불행한 사람은 절대 타인을 행복하게 할 수 없다. 그래서 타인을 행복하게 하고 싶다면 먼저 내 자신의 행복부터 일구어야 한다.

늘 감사하면서 살면 불평불만이 사라지고, 긍정적으로 생각하게 되고, 스트레스를 이기는 힘이 강해지고, 낙천적인 성격으로 변해서 열정적으로 일하고, 열린 시각으로 세상을 보고, 인간관계도 좋아진다.

"지혜로운 사람은 이미 가지고 있는 것에 감사해하고, 어리석은 사람은 없는 것에 대해서 불평한다."고

했으며, 『탈무드』에서는 "세상에서 가장 부유한 사람은 자기가 가진 것에 감사하는 사람이다."라고 하였다.

제 2 장

자기치유의 여정

나는 나를 스스로 치유하였다.

마음이 치유되지 않는 사람은 스스로 자신을 볶는다.
타인에게 화풀이를 하거나 괴롭게 한다.

자신이 괴롭고 힘들기 때문에 그 마음을 상대방에게
투사해놓고 괴롭힌다.
내가 그랬었다. 만만한 아내와 아들에게 화를 내고 소
리를 잘 질렀다.

자기 치유가 안 된 사람은 부정적으로 생각하고
비관적으로 바라보고 세상을 왜곡해서 경험하게 된다.

자기 치유가 된 사람은 타인을 힘들게 하거나 괴롭히
지 않는다.
마음이 치유되자 세상이 아름답게 보이고
사람들이 모두 사랑스럽게 보였다.

마음의 병을 치유하다

나는 오랫동안 마음의 병을 지니고 있었다. 스트레스를 잘 받고 화를 잘 내는 성격의 소유자였다. 잠시만 차가 막혀도 그것을 참지 못해서 화를 내기 일쑤였고 PC로 문서를 꾸미다가 잘 안 되면 열을 받아 펄쩍펄쩍 뛰는 사람이었다.

무슨 일을 하다가도 조금만 마음에 안 들거나 조금만 뜻대로 안 되면 신경질을 부리고 화를 냈다. 타인에게는 그렇게 하지 못하고 내 가족에게 그렇게 하였다. 아들과 아내에게 그랬던 것이다. 내 아내는 천성이 좋은 사람이라 견디면서 살았고 내 아들은 철없는 중학생이라 저항도 못했던 것이다.

나는 화도 많고 눈물도 많은 사람이었다. 화도 불쑥불쑥 잘 냈지만 드라마나 영화를 보다가 자주 울었고 슬픈 음악을 듣고 울기도 하는 사람이었다. 하지만 그렇게 하면서도 그때는 내가 왜 그러는지 몰랐다.

화를 잘 내는 사람은 마음속에 치유되지 않은 아픔과 아물지 않은 상처가 있기 때문이다. 마음속에 풀어버리지 못한 울분이 쌓여 있었던 것이다. 어머니의 운명과 함께 갑작스럽게 아버지가 재혼을 하면서 가정이 파괴되는 아픔을 겪었었다. 그래서 인생에서 가장 중요한 청소년기에 정신적으로 방황을 하였고 그때부터 기댈 곳이 없이 힘들게 살아왔다.

해결하지 못하고 내면 깊숙이 억눌러 놓은 감정의 응어리가 있었던 것이다. 살아온 과정이 너무 힘이 들었고 수많은 실패와 좌절 속에서 살다 보니 나도 모르게 그렇게 성격이 왜곡된 것이었다.

하지만 나의 이런 괴팍한 성격은 복잡한 도시를 떠나 조용한 시골마을에서 한가롭게 지내면서 서서히 치유가 되어 갔다. 자연과 가까이 살면서 명상을 하자 마음이 서서히 정화되면서 자연치유가 되어 갔던 것이다.

여기서 말하는 명상은 눈을 감고 가부좌를 틀고 앉아서 화두를 참구하거나 호흡에 집중하는 명상만을 의미하는 것은 아니다. 마음을 비우고 사는 것, 조용하게 한가롭게 지내는 것, 자연의 변화를 느끼면서 사는 것도 명상이다.

한가로움과 고요는 마음을 치유하는 힘이 있다. 바쁘고 쫓기게 되면 스트레스를 받게 되고 스트레스가 쌓이면 분노가 일어난다. 화를 풀지 못하면 우울증에 걸리기 쉽고, 성격이 급하고 차갑고 신경질적으로 변하게 된다.

이처럼 나는 오랫동안 매여 있던 머리 아프고 복잡한 세상사에서 풀려나면서 스트레스가 점차 해소되어 갔다. 그리고 분노, 불안, 우울 등의 부정적인 감정이 빠져나가자 마음이 차분해지고 편안해지면서 서서히 치유의 길이 열리게 된 것이다.

심리상담을 통한 치유와 명상을 통한 치유는 같은 것 같지만 다르다. 심리상담은 상담자에게 내담자의 마음을 모두 털어놓고 상담을 하지만, 명상은 스스로 치유해 갈 수 있는 장점이 있다. 명상으로 마음을 다스리는 법을 공부하면서부터 마음이 한결 가벼워져 갔다. 생각과 감정과 느낌을 다루는 법과 행동과 욕구와 신념과 에고에 대해 공부하면서 점점 편안해져 갔다.

수시로 변덕을 부리는 내 생각과 가끔씩 일어났다가 사라지는 감정과 느낌을 알아차리고 그것이 어떻게 변해 가는지 관찰하고, 어떤 것에 부딪힐 때마다 내가 어떤 신념을 지니고 살고 있는지 살펴보고, 내가 상황에 따라서 어떻게 행동을 하고, 내가 어떤 욕구에 따라 움직이고, 내 안에서 에고가 어떻게 작용하는지 관찰을 하는 공부를 꾸준히 하였다.

알아차림을 통해서도 마음이 평온해져 갔다. 늘 순간순간을 알아차리는 힘이 붙자 마음이 말할 수 없이 평온해져 갔다. 매 순간을 알아차리게 되자 이미 지나간 과거나 아직 오지 않은 미래에 빠지지 않고 지금 이 순간을 살게 되면서 쓸데없는 잡생각 속에 빠져서 고통을 만들어내지 않게 되었다.

생각에 빠져서 화가 나거나 우울해지면 '내가 지금 이 생각을 하고 있구나.' 하고 알아차리고, 부정적인 감정이 올라오면 '내가 지금 이런 감정에 빠져 있구나.'

하고 알아차린다. 어떤 충동을 느낄 때 '내가 지금 이런 욕구가 올라오고 있구나.' 하고 알아차리고, 어떤 대상과 접촉하면서 어떤 느낌이 올라오면 '내가 지금 이런 느낌에 빠져 있구나.' 하고 알아차리고, 자신의 행동을 지켜보면서 '내가 지금 이런 행동을 하고 있구나.' 하고 알아차린다.

생각과 감정은 하나로 연결되어 있다. 감정과 생각은 서로 상호작용을 한다.

화가 날 때는 화가 나는 생각을 하기 때문이고, 마음이 우울한 것은 우울한 생각을 하기 때문이고, 마음이 불안한 것은 불안하게 하는 생각을 하기 때문이다.

명상은 마음을 정화하는 힘이 있다. 욕망과 집착에 사로잡혀 있는 마음에서 벗어나 고요한 상태에 들어가게 되면 점점 마음이 깨끗해져 온다. 한참 동안 배에 집중하고 호흡을 하다 보면 아주 평온하고 고요한 상태에 도달하게 된다.

명상을 하고 나면 머리가 아주 상쾌하고 맑아지면서 마음이 빗질을 한 것처럼 평온하고 고요해지는 것을 느끼게 된다. 명상을 하면 몸과 마음이 자연스럽게 이

완되어 간다. 명상을 하면 뇌파가 바뀌게 되면서 몸에서 치유 호르몬이 분비된다.

명상은 마음속의 독화살을 뽑아내는 작업이라는 말이 있다. 몸 안의 세포는 순간순간의 마음을 물질로 변화시킨다. 양자물리학에서 말하는 물질의 최소단위인 쿼크단계에서는 마음이 물질이 되고 물질이 마음이 된다. 질병이란 마음이 생리적인 변화를 일으켜서 일어나는 현상이며, 몸과 마음의 조화와 균형이 깨질 때 병이 찾아온다.

명상은 원인치료요 대체의학이다. 원인은 그대로 두고 증상만 치료하면 치료가 잘 되지 않는다. 마음이 아프고 괴로운데 밖으로 드러난 곳에 약을 바르고 수술을 한다고 치료가 되지 않는다. 명상은 병을 치료하는 효과가 있다. 명상 중에 호르몬의 일종인 세로토닌이 분비되면서 우울증이 개선되고, 암세포만 찾아서 공격을 하는 '자연살해세포'라고 불리는 NK세포가 생성된다.

명상은 뇌 훈련이기도 하다. 명상을 하면 면역력과 자연치유력이 좋아진다. 치매와 중풍을 예방하고 노화가 지연된다. 뇌 건강이 좋아져서 집중력과 기억력이 좋아진다.

『동의보감』에 "욕치기병欲治其病 선치기심先治其心 필정기심必正其心."라는 구절이 있다. "병을 고치고자 한다면 마음을 먼저 다스려야 하고, 반드시 그 마음을 바르게 써서 안정시켜야 한다."는 뜻이다.

『황제내경』에도 이런 구절이 있다. "모든 병은 마음에서 시작된다. 마음을 고요하고 편안하게 하면, 참된 기운이 저절로 생긴다. 이 마음을 굳게 지키면 어떻게 병이 생겨나게 되겠는가?"

20세기 인도의 성자라 불렸던 라마나 마하리쉬는 이렇게 말했다. "세상의 고통은 다 그대 안에 있다. 그대가 고통에서 벗어나 있으면 고통은 세상 어느 곳에도 없다."

생각으로부터 자유로워지다

나는 명상을 통해서 오랜 장막처럼 드리운 생각의 지배에서 벗어나게 되었다. 보통사람들이 그렇게 살듯이 나도 그동안 내 생각에 속고 살았다. 나는 오랜 세월 동안 생각을 진짜로 알고 내 자신이라고 여기면서 살아왔다.

그래서 바보처럼 생각에 따라다니면서 웃고 울면서 천당과 지옥을 왔다 갔다 하였던 것이다. 과거에 잃어버렸던 것들을 생각하면서 괴로워하고 아직 오지 않은 미래를 생각하면서 걱정 속에서 살았었다.

우리는 매 순간 숨 쉬고 산다는 것을 잊어버리고 살듯이, 자신이 끝없는 생각 속에 빠져서 산다는 것을 잊어버리고 살아간다. 그리고 잠시도 쉬지 않고 어떤 대상을 놓고 비교하고 분석하고 평가하고 판단을 한다. 그렇게 평가하고 판단해 놓고 결국은 그 평가와 판단에 자신이 스스로 묶이게 된다.

　나는 어느 순간 인생은 자신이 생각하는 대로 되어 간다는 중요한 사실을 깨달았다. 오늘의 내 삶은 과거에 생각했던 결과물이요, 미래의 내 삶은 현재 내 생각이 만들어낸다는 것을 알았다.

　그래서 성공한 사람들은 항상 자신의 생각을 관리한다. 그들은 생각이 멋대로 일어나게 방치해두거나, 생각되어지는 대로 아무렇게나 살지 않는다. 늘 자신의 생각을 살피면서 관리를 한다.

　나는 행복과 불행은 생각에서 비롯된다는 것을 알게 되었다. 행복한 사람은 행복한 생각을 하기 때문에 행복하고, 불행한 사람은 불행한 생각을 하기 때문에 불행하다. 과거에 자신이 고통을 받았던 사건이 있었다면 그 사건 때문에 괴로운 것이 아니라 그 사건에 대한 생각 때문에 괴로운 것이다. 예를 들어서, 어떤 사람에게 욕을 먹었다면 욕을 먹은 사건 때문이 아니라 그것을 생각하기 때문에 괴로운 것이다.

　행복한 사람은 밝고 긍정적인 생각을 하면서 살지만, 불행한 사람은 어둡고 부정적인 생각을 하면서 산다는 것을 알게 되었다. 우울할 때는 우울한 생각을 하기 때문에 우울하고, 화가 나는 것은 화가 나게 한 생각 때문에 화가 난다. 불안한 것은 불안하게 하는 생각을 하기 때문이다.

　'생각이 팔자'라는 말이 있다. 생각에 따라서 팔자가 결정된다는 뜻이다. 팔자란 운명을 지칭하는 말이다. 운명은 생각하기에 달려 있다. 그러니까 생각을 바꾸면 행동이 바뀌고, 행동이 바뀌면 습관이 바뀌고, 습관이 바뀌면 운명이 바뀐다고 했듯이, 운명도 생각에 따라 얼마든지 바꿀 수 있는 것이다.

　생각은 대부분 과거에 대한 기억으로 이루어져 있다. 자신도 모르게 과거에 경험했던 일을 생각하면서 그 속으로 깊이 빠져들게 된다. 그리고 생각은 부분적으로 미래에 대한 상상으로 이루어져 있다.

　생각은 사실이 아니라 허구요 가짜다. 사과를 생각으로 떠올릴 수는 있지만 먹을 수는 없듯이, 생각은 가짜요 허구이다. 그런데 어리석게도 나는 오랫동안 내 생각을 사실로 착각하고 생각에 빠져서 인생을 낭비해 왔다. 나는 그것을 깨닫고서는 얼마나 혼자서 웃었는지 모른다.

생각은 내가 아니다. 그런데 생각에 점령당하여 생각을 내 자신으로 믿고 살아온 것이다. 우리는 부지불식간에 생각을 자기 자신과 동일시한다. 그래서 마음이 어지럽고 산란하며 자주 혼란에 빠져들게 된다.

우리의 삶은 대부분 기계적이고 습관적으로 일어나는 불필요한 생각에 점령당해 있다. 나도 명상을 공부하기 전에는 그렇게 살아왔다. 그래서 생각 때문에 마음속에서 분노가 들끓고 우울하고 불안해했던 것이다.

생각하는 대로 살지 않으면 생각되어지는 대로 산다고 하였다. 이 얼마나 무서운 말인가? 자신의 인생을 얼마든지 주체적이고 창조적으로 살아갈 수 있다. 그런데 자신의 생각에 깨어 있지 못하면 생각이 시키는 대로 끌려다니면서 생각의 노예로 살게 된다.

생각은 얼마든지 내 마음대로 컨트롤할 수가 있다.

그리고 생각을 골라서 할 수 있다. 내가 좋아하는 생각만 하고 그렇지 않는 생각은 하지 않을 수 있다. 그렇게 얼마든지 자신의 생각을 자유롭게 쓸 수 있다.

그래서 내 인생은 내가 창조하는 것이다. 대부분의 괴로움은 생각으로 만들어낸다. 내 마음이 천국도 만들고 지옥도 만들어낸다. 결국 행복도 불행도 내 마음이 만든다. 따라서 항상 자신이 하고 있는 생각에 깨어 있어야 한다.

나는 성격이 날카롭고 성질은 괴팍한 사람이 었다. 나는 신경질을 자주 부리고, 불같이 화를 자주 내는 사람이었다. 타인에게는 그렇게 하지 못하고 만만한 가족에게 그렇게 했었다.

억눌러 놓은 분노는 반드시 밖으로 튀어나온다. 순간적으로 불길처럼 치솟아 오르기도 하고, 성격이 변해서 차가운 성격의 소유자가 되거나 신경질을 부리기도 한다. 분노를 풀어내지 못하고 참고 억압해 놓으면 급한 성격이 된다.

어린 시절 어머니가 일찍 세상을 뜨고 아버지가 재혼을 하면서 가정이 풍비박산 나는 아픔을 겪어야 했다. 정신적으로 방황하고 불안했던 시절을 지내오면서 가슴속에 분노를 억압해 놓았던 것이다.

나는 분노도 눈물도 많은 사람이었다. 드라마나 영화를 보다가 울고, 슬픈 음악을 듣고도 울고, 타인의 가슴 아픈 이야기를 듣다가도 울었다. 심성이 여린 것도 있지만 내 안에 해소하지 못한 울분이 많이 쌓여 있었기 때문이다.

치유되지 않는 마음은 반드시 사고를 치게 된다. 자신도 모르게 순간적으로 올라오는 '욱' 하는 성격의 소유자는 언제든지 사고를 칠 수 있다. 그런 사람은 화가 나면 눈에 아무것도 보이지 않게 된다. 그래서 그런 사람은 사소한 일 가지고도 순간적으로 돌이킬 수 없는 큰 사고를 치게 된다.

신경질을 부리거나 화를 자주 내거나 타인을 괴롭히는 사람은 나처럼 마음속에 치유되지 않은 아픔과 상처가 있기 때문이다. 알고 보면, 자신의 마음이 괴롭고 힘들기 때문에 그 마음을 투사해놓고 타인을 괴롭히고 힘들게 하는 것이다.

정신적으로 방황을 하던 나는 다행히 마음이 어질

고 착한 아내를 만나서 차츰 안정이 되어 갔다. 신혼 초까지도 정신적으로 방황하고 거칠었던 내가 부드럽고 현명한 아내와 함께 살면서 차츰 순화되어 갔던 것이다.

내 아내는 마음이 아주 너그러운 사람이다. 생활이 어려울 때면 나보다 먼저 생활전선에 뛰어들었다. 내가 직장을 그만두었을 때도, 사업에 실패했을 때도 묵묵히 내 곁을 지켜주었다. 실패로 점철된 인생을 살면서 술을 자주 마시고 마음의 안정을 못 찾고 방황도 많이 했지만 나에 대해서 불평불만을 하지 않고 성실하게 가정을 꾸려온 사람이다.

내 아내는 타고난 천성도 좋지만 편안하고 좋은 분위기의 가정에서 성장을 하였다. 그래서 나처럼 치유해야 할 아픔이나 상처가 없는 사람이었고 누구하고나 잘 지내는 원만한 성격을 지니고 있다.

그렇게 문제가 많았던 내 성격도 명상을 하면서 차츰 치유되어 갔다. 거듭 말하지만 내가 치유되는 결정적인 계기는 모든 것을 버리고 산골마을에서 2년 동안 혼자 산 경험이었다. 그렇게 살면서 차츰 정화되고 치유되어 갔다. 처음에는 지난 삶을 돌아보면서 많이 울기도 하고 후회도 하였다.

아픔과 상처가 많은 사람은 누구라도 어떤 방법으로든지 나름대로의 정화과정이 필요하다. 명상을 하든지, 심리상담을 하든지, 종교에 귀의하든지, 예술에 심취하든지. 그래야 비로소 상처가 치유되어 마음의 새살이 돋게 된다.

명상을 하다 보면 부정적인 감정의 에너지가 빠져나가는 것을 느낀다. 치유되지 않았을 때 명상을 하려고 눈을 감고 있으면, 가슴이 답답하거나 화의 기운이나 슬픔이 느껴지기도 한다. 가슴에서 통증이 느껴지거나 몸의 특정 부위가 무겁거나 통증이 느껴지기도 한다.

하지만 명상이 깊어지면 그러한 현상들이 점점 사라지고 몸과 마음이 점점 편안해지면서 자가 치유의 길로 나아가게 된다. 명상을 하거나 홀로 고요하게 지내다 보면 술병 뚜껑을 열면 거품이 위로 올라오듯이 몸 안에 저장되어 있던 부정적인 감정의 에너지가 위로 올라와서 빠져나오는 것을 느꼈다.

몸 안에서 분노, 슬픔, 두려움 등의 부정적인 에너지가 빠져나가자 기쁨, 행복, 사랑의 긍정적인 에너지가 그 빈자리를 대신 채워 주었다. 지금 이 순간에 존재하는 게 기쁘고, 살아 움직이는 게 행복하고, 모두가 사랑스럽게 보이기 시작하였다.

나는 이렇게 나를 치유하였다. 내 스스로 나를 치유했던 경험이 있기 때문에 타인의 심리상태도 읽을 수 있게 되었고, 타인의 아픔도 쉽게 공감하게 되었다. 그래서 자신을 치유한 경험이 있는 사람이 타인도 치유할 수 있을 것이라고 믿는다.

불평불만이 사라지다

　나는 오랫동안 불평불만 속에서 살아왔다. 한마디로 말해서 불평불만투성이였다. 화를 잘 내고 원망을 잘 하면서 우울하게 살아왔고, 남의 시선을 지나치게 의식하면서 열등감 속에서 살아온 것이다.

　"성장기에 부모가 제대로 뒷받침을 안 해주었다", "좋은 가정에서 태어나지 못했다", "부모 복이 없다", "내 외모가 준수하게 잘생기지 않았다", "키가 작다", "운이 안 따라 준다" 등등의 불평불만을 가지고 살았었다.

　주로 아버지에 대한 원망이 컸었다. 성장기에 잘 보

살펴주지 않고 내팽개쳐 버린 아버지, 재혼을 한 후에 어린 우리 형제자매를 돌보아주지 않았던 아버지에 대한 원망을 오랫동안 품고 살았다.

살아온 과정이 순탄치 못하다 보니 그렇게 불평과 불만 속에서 산 것이다. 하지만 나중에 내가 참 불쌍한 사람이었다는 것을 알았다. 그렇게 불평불만 속에서 살았으니 늘 만족하지 못하고 행복할 수가 없었던 것이다.

불평불만은 불만족스러운 마음에서 비롯된다. 삶이 불만족스러우니 불평을 한 것이다. 불만족했으니 행복했을 리가 없다. 그랬다. 내가 마음공부를 하기 전까지는 행복을 느끼지 못하고 살았다.

돌이켜보면, 내가 힘들게 살아온 것은 나의 책임이 훨씬 더 큰데 그것을 다른 곳으로 돌리려고 했던 것이다. 심리적으로 분석해보면, 대개 자신이 힘들면 그 책임을 타인에게 전가시키고 자신은 편해지려고 하는 경향이 있는데 나 또한 그랬던 것이다.

지나온 과정을 살펴보면 사회적으로 성공할 수 있는 좋은 기회가 없었던 것은 아니다. 하지만 그 기회를 잡지 못한 것은 나의 아둔함 때문이었고, 나의 판단부족 때문이었고, 노력이 부족했기 때문이었다.

내가 잘못된 것은 대부분 내가 잘못 살아온 결과에 대한 과보인데도 부모를 원망하고 세상을 탓하고 조건을 탓하면서 살아온 것이다. 이렇게 겸허하게 자기 성찰을 할 수 있었던 것은 기존의 삶의 방식을 버리고 새로운 삶을 선택한 후 마음공부를 한 덕분이다.

그동안 나를 보지 못하고 살았다. 밖에 있는 세상과 대상을 바라볼 뿐 안으로 눈을 돌려서 자신을 바라보는 눈이 없었다. 복잡하게 얽히고설킨 생활에서 벗어나 명상을 하면서 마음이 차분해지고 정화되어가자 안으로 눈이 열리면서 그동안 보이지 않았던 내 자신이 보이게 된 것이다. 그래서 혼자서 많이 울고 웃었다. 나의 어리석음과 부끄러웠던 일들을 참회하면서 여러 번 눈물을 흘렸다.

'고요하면 맑아지고, 맑아지면 보인다'고 했듯이, 내 마음이 정화되고 평온해지자 내 자신에게 많은 문제가 있다는 것을 깨닫게 되었다. 첫 번째로 깨달은 것은 감사할 줄 모르고 살았다는 것이다. 감사할 일들이 너무도 많은데 감사할 줄 모르고 불평불만 속에서 살아온 것이다.

부모님이 나를 낳아서 길러주신 것도 감사한 일이고, 내가 힘들게 살아오면서 경험했던 일들도 모두 나의 성장과 영적인 성숙을 위해서 필요했던 일이기 때문에 감사한 일들이다.

두 번째로 내가 내 자신을 부정적으로 보고 있었다는 것이다. "나는 능력이 없어", "나의 한계는 여기까지야", "나는 내놓을 게 없어" 하는 부정적인 생각을 하면서 나를 제한하고 스스로 위축시키면서 살아온 것이다.

타인과 세상을 부정적이고 비관적으로 생각하면서 살아온 것이다. 그러니 일이 잘 풀릴 리가 없었다. 일이 잘 풀리지 않고 하는 일마다 안 되고 힘이 들었던 것이다.

2년간 산골마을 허름한 집에서 혼자 살면서, 내 자신을 스스로 부정하고 비하하고 괴롭히면서 살아온 시절을 생각하면서 내 어리석음에 많은 눈물을 쏟기도 하였다. 내 자신을 비하하고 부정하고 혐오한 것을 참회하였다. 내가 잘나지 못했다고 부정하고 미워한 것을 참회하였다.

살아오면서 나를 힘들게 했던 사람들도 모두 나의 부족한 점을 깨우쳐주고 가르쳐주기 위해서 나타난 스승이었다는 것을 깨닫게 되었다. 그런 시련과 고난이 없었다면 반듯하게 사는 오늘의 내가 있을 수 없었을 것이다.

공부가 무르익어 가면서 세상은 내 마음이 창조한다는 것을 깨닫게 되었다. 천당도 지옥도 내 마음이 만들고, 행복도 불행도 마음이 지어낸 것이라는 것을 알고 난 후에 나의 아둔함과 어리석음에 부끄럽고 후회도 많이 하였다.

마음이 정화되자 참으로 다행스럽게도 부정적인 생각들이 긍정적인 생각으로 바뀌게 되었고, 비관적으로만 바라보던 세상을 낙관적으로 바라보게 되면서 오랫동안 막혀 있던 일들이 풀려나갔다.

나는 마음공부를 하기 전까지는 마음을 제대로 컨트롤할 줄 몰랐다. 그래서 타인에 대한 미움과 원망하는 마음을 속에 품고 살았다.

　미움속에는 분노가 숨어 있고, 원망 속에는 우울함이 숨어 있다. 그러니까 나는 화나고 경직된 표정과 우울한 얼굴로 살아온 것이다. 다른 사람에게 좋은 이미지를 심어 주지 못했고 부정적인 영향을 미쳤을 것이라고 생각한다.

　누구보다도 아버지를 많이 원망하면서 살았다. 아버지에 대한 원망이 평생 동안 따라다녔다. 그래서 아버지가 생존해 계실 때 가까이 지내지도, 속마음 한 번

털어놓지도 못하고 거리를 두고 살았었다.

　나는 스물일곱 살 때 첫 직장에 들어갔으나 하는 업무가 마음에 들지 않았고, 한 달에 두 번 쉬고 야근이 잦아서 스트레스를 많이 받았다. 그래서 술을 자주 마시고 정신적으로 방황을 하였다. 이때 마침 군 장교 출신의 상사를 만나게 된 후로 얼마 못 가서 회사를 그만두고 말았다. 회사에 적응하지 못하고 있던 나에게 그의 강압적인 태도와 폭력적인 언행은 '타는 불에 기름을 부은 격'이 되었던 것이다. 그 후에 살기 힘들 때마다 그 사람을 자주 원망하였다. '그때 그 사람이 그렇게 하지 않았다면 내가 계속해서 회사에 다녔을 것이고 그러면 이 고생을 하지 않을 것인데' 하는 생각을 하면서 많이 미워하고 원망을 하였다.

　또 나를 중상모략한 사람들을 미워하고 원망하였다. 한때 어떤 도시에 살면서 지역 단체장이 되어 일을 할 때 모함을 당한 일이 있었다. 어떤 사람이 내 자리를 차지하기 위해서 있지도 않은 말을 꾸며대면서 나를 중상모략한 것이다. 또 잠시 내가 살던 아파트의 입주자 대표회장을 하다가 재건축을 추진한 일이 있었는데 전문꾼들의 방해공작과 온갖 중상모략에 시달리다가 견디지 못하고 도중하차한 일도 있었다.

의도하지는 않았지만 그러한 기억들이 가끔씩 떠오르면서 나를 괴롭혔다. 하지만 명상을 공부하면서 이러한 미움과 원망하는 마음에서 벗어나게 되었다. '호흡명상'과 '생각관찰명상'과 '현존명상' 그리고 '참회'와 '미용고사'의 심리치료를 통해서 마음속의 상처와 아픔이 치유가 되어 갔다.

매일 아침과 저녁에 하던 호흡명상으로 마음이 정화되어 갔다. 아침에 잠자리에서 일어나면 30분 동안 바닥에 방석을 깔고 앉아서 배에 의식을 모으고 숨이 들어오고 나가는 것을 지켜보는 명상을 하였고, 하루 일을 마치고 잠자리에 들기 전에 역시 30분 동안 명상을 하였다. 이렇게 2년 동안 꾸준히 하였더니 마음이 안정되고 고요해지면서 차츰 정화되어 갔다.

순간순간을 알아차리는 연습은 내게 많은 변화를 가져다주었다. 알아차리면 이리저리 떠돌던 마음이 지금 이 자리로 돌아오게 된다. 그래서 이미 지나간 과거에 있었던 일을 떠올려서 괴로워하는 마음에서 벗어나게 되었다. 생각에 빠져서 화를 내고 괴로워할 때 '내가 생각에 빠져 있구나' 하고 알아차리면 생각의 감옥에서 빠져 나오게 되었고, 화를 내거나 우울할 때 '내가 지금 화가 났구나', '내가 지금 우울하구나' 하고 알아차리면 더 이상 그것에 끌려다니지 않고 벗어나는 데 도움이 되었다.

'생각을 관찰하는 명상'도 나에게 자유를 가져다주었다. 이 공부를 하기 전에는 어떤 생각에 빠져 있을 때는 그 생각을 자기 자신으로 알고 살았다. 그리고 생각은 내가 아닐 뿐만 아니라, 생각은 사실이 아니고 허구라는 것을 알게 되면서 내 생각에 속지 않게 되었고, 더 이상 생각의 감옥에 갇혀서 고통을 받지 않게 되었다.

『천수경千手經』에 나오는 십악참회十惡懺悔의 글을 반복하면서 참회를 하였고, 호오포노포노 심리치료법에 나온 '미안합니다', '용서하세요', '고맙습니다', '사랑합니다'라는 구절을 반복적으로 암송하거나 곡조를 붙여서 부르면 미워하고 원망하던 마음이 사라졌다. 그렇게 하다 보면 나도 모르게 눈물이 흐르고 마음이 정화되어 갔다.

타인을 미워하는 것은 자신을 미워하는 것이다. 타인을 원망하고 미워하는 것은 자신을 해치는 일이다. 타인을 미워하면 자신이 먼저 고통을 받기 때문이다. 타인을 미워하는 마음을 품으면 가슴이 답답하고 혈압이 오르고 심장 박동이 빨라지면서 고통을 받게 된다.

세상은 내 마음의 반영이요 투사다. 어떤 사람은 달을 보면 슬프다고 한다. 하지만 달은 슬프지도 기쁘지도 않는 중립이다. 자신의 슬픈 마음을 달에 투사해놓고 달이 슬프다고 하듯이, 타인이 미운 것은 내 마음속에 미움이 있기 때문이요, 원망하는 것도 내가 원망을 품고 있기 때문이다. 따라서 부정적인 감정에 사로잡히게 되면 우선 내 마음을 먼저 치유해야 한다.

이러한 부정적인 에너지가 빠져나가면서 몸이 가벼워지고 경직되었던 얼굴도 편안해졌다. 비우고 내려놓자 미움도 사라지고 원망하는 마음도 풀리게 되었다. 10여 년이 지난 후에 나를 만난 어떤 사람이 나를 보더니 그만큼 맑아졌다는 의미로 "얼굴에서 땟국물이 완전히 빠졌다"고 하였다.

나를 괴롭힌 사람은 나를 가르치러 나타난 스승이

다. 나를 힘들게 했던 사람은 분명 나를 돌아보고 인생을 생각하게 만드는 스승이다. 내가 미워하고 원망했던 사람은 나를 정화시켜 주기 위해서 나타난 스승이었다는 것을 한참 지난 후에야 깨닫게 되었다.

회사를 퇴직한 후로 산전수전 다 겪었다. 힘들게 살면서 그 사람을 많이 원망했지만 사실은 내가 부족해서 적응하지 못하고 퇴직을 한 것이고, 그렇게 퇴직을 했기 때문에 더 큰 세계에서 다양한 경험을 하면서 살아온 것이다. 회사에 다닐 때 나를 괴롭혔던 그 상사가 아니었으면 회사원으로 살다가 인생을 마쳤을지도 모른다. 그 사람 때문에 고생은 많이 했지만 다양한 경험을 할 수 있었고, 지금은 마음부자가 되어 정신적으로 풍요로운 삶을 살고 있다.

허전한 마음이 사라지다

마음공부를 하기 전에는 늘 마음속에 허전함
이 자리 잡고 있었다. 마음 둘 곳이 없을 만큼
공허하고 허전한 마음이 자주 느껴졌었다. 그
것은 뭔가 채워지지 않는 부족감과 뭔가 빠져 있는 것
만 같은 결핍감이었다. 마음이 치유되지 않아서 나타나
는 심리적인 허기요, 정신적인 갈증이었다.

　그래서 그 허전한 마음을 달래려고 쓸데없이 사람
들과 어울려서 술을 자주 마셨다. 습관적으로 자주 술
을 먹다 보니 삶이 흐트러지고 질서가 무너졌다. 만취
가 되어 새벽에 집에 들어가는 날이 많아졌고, 가끔씩
필름이 끊겨서 어떻게 집을 찾아왔는지 모르는 경우가

늘어나게 되었다. 그렇게 살면서 소중한 시간과 금쪽같은 인생을 낭비했었다.

마음속의 치유되지 않는 아픔이 있어서인지 밝고 명랑한 음악보다는 슬픈 음악을 좋아했고, 사람들과 어울려서 술을 먹고 노래방에 가면 즐거운 노래보다는 슬픈 노래를 자주 부르곤 하였다.

나중에 알게 되었는데, 마음이 치유되어 평온해지자 허전함도 사라지고 차츰 술도 먹지 않게 되었다. 그러니까 마음속에서 자리 잡고 있던 허전함은 스트레스와 분노와 우울함이 만들어낸 또 다른 마음이요 후유증이었던 것이다.

그 허전함을 메우려고 무의식적으로 함께 놀아 줄 사람을 찾고 함께 술을 자주 마셨던 것이다. 한때는 밤늦게까지 과음을 하고 오전에는 잠을 자는 나쁜 습관이 있었다. 그다음 날은 어김없이 후회를 하고 자책감으로 괴로워하였다.

그런 생활이 지속되면서 내 삶이 망가져가고 있다는 것을 느꼈다. 그렇게 사는 내 모습이 너무 한심하고 패가망신할 거라는 생각이 들면서 위기의식을 느끼게 되었다.

심할 때는 술집에 들어간 기억만 나고 나온 기억은 없었다. 집에 어떻게 찾아왔는지 기억이 나질 않을 때가 종종 있었다. 어김없이 그 다음 날은 후회와 함께 우울함과 분노가 치밀어 올랐다. 이렇게 살면 안 된다는 생각을 하고 그런 내가 밉고 원망스러워서 자책감을 넘어 자기혐오에 시달리게 되었다.

그래서 술을 끊으려고 노력했으나 쉽게 되지 않았다. 술을 적당히 절제하려고 해도 잘 되지 않았다, 몇 잔을 먹게 되면 계속해서 더 먹고 싶은 충동에 휘말려서 과음을 하는 악순환이 반복되었다.

지금 생각해보면 한심하기 짝이 없는 노릇이지만, 당시에는 스트레스를 많이 받았고, 마음이 힘들고 괴로우니 술로 풀려고 하였고, 마음이 허전해서 무의식적으로 술에 의존했던 것이다.

하지만 살던 곳에서 떠나 멀리 이사를 하고 마음공부를 한 후로 마음이 안정되자 자연스럽게 술을 먹지 않게 되었다. 생활환경이 바뀌어서 낯선 곳에서 혼자 지내다 보니 마음이 편안지면서 술 생각이 일어나지를 않았다. 술을 끊으려고 하지 않아도 자연스럽게 술이 멀어진 것이다.

술이 생각도 나지 않을 뿐만 아니라 어쩌다 한두 잔 먹어보면 정신이 몽롱해지면서 '내가 왜 이런 걸 먹어야 하나' 하는 생각이 들곤 하였다. 이제 술이 내 삶에서 불필요하다고 느낀다. 술을 아예 먹지 않은 지가 십수 년이 되었다. 술을 먹지 않게 되자 자연스럽게 함께 어울리던 술친구들과 멀어지게 되었고 엉망이던 내 삶은 차츰 정상을 회복하게 되었다.

이제는 술이 내게서 멀어졌다. 술에 의존하는 게 싫고, 맑은 정신으로 살 수 없는 게 싫고, 무엇보다도 한 번뿐인 소중한 인생을 순간순간을 깨어서 살아야 하는데 술을 마시면 그럴 수 없는 것이 싫기 때문이다.

마음이 치유되자 언제부터인지 허전한 마음이 사라졌다. 슬픈 노래를 좋아하는 마음도 사라졌다. 비로소 허전한 마음은 건강한 마음이 아니라는 걸 깨닫게 되었다. 지나고 보니 허전함도 비정상적인 마음이요, 병적인 마음이었다는 것을 알게 되었다.

허전한 마음은 치유해야 할 건강하지 못한 마음이

다. 심리상태가 취약해서 나타나는 현상으로서 유혹에 넘어가기 쉬운 위험한 마음이다. 마음이 안정되고 평온해지자 마음의 저변에 깔려 있던 허전한 마음이 안개처럼 사라져서 느껴지지 않았다. 언제부터인지 타인에게 기대고 술에 의존하려는 마음이 말끔하게 사라진 것이다.

옛날에 함께 어울리면서 술을 먹던 사람들을 만나보면 그 사람들은 거의 변한 것이 없다. 여전히 술을 좋아하고 돈이나 쾌락을 좇는 삶의 패턴에서 벗어나지 못한 채 살아가고 있다. 그래서 내 스스로 나에게 놀라고 있다. '내가 참 많이 변했구나' 하는 생각이 들면서 옛날의 내가 아니라는 것을 느낀다.

그것은 마음공부가 가져다준 선물이다. 마음이 힘들고 괴로우면 무엇엔가 의존하려는 대상을 찾기 마련이며, 마음이 치유되어 평온해지면 그런 마음도 사라진다는 것을 내 자신의 생생한 자기치유 경험을 통해서 경험하였다.

나는 나의 이런 마음의 병을 치유한 체험을 통해서 마음공부가 얼마나 소중한 것인지를 깨닫게 되었다. 지금은 의식적으로 그 허전한 마음을 느껴보려고 해도 느껴지지 않는다. 오랫동안 내 삶에 영향을 주었던 스트레스가 마음속에서 사라지면서 마음이 편안해지고 안으로 쌓여 있던 분노의 감정이 빠져나가면서 이렇게 자기치유가 된 것이다.

돌이켜보면, 오랜 악습을 끊기 위한 생활환경을 바꾸는 것도 중요했지만, 명상공부가 더 중요한 역할을 한 것이다. 매일 아침과 저녁에 명상을 하면서 무의식을 정화해 냈으며, 일상생활 중에 단순노동을 하면서 깨어 있는 연습을 꾸준히 하였다. 그리고 수시로 산이나 냇가에 가서 조용히 자연과 함께했던 시간들이 마음의 때를 씻어낼 수 있는 소중한 순간이었다.

인간관계가 좋아지다

마음공부를 한 후로 인간관계가 좋아졌다. 내 성격상 특별하게 타인과 싸우거나 불편하게 지내는 것은 아니지만, 마음속에 담을 쌓아 놓고 타인을 멀리하거나 마음속으로 미워하거나 싫어하는 사람들이 있었다.

나는 한때 내 가족을 힘들게 하였다. 짜증을 자주 부리고 사소한 일로 소리를 지르면서 화를 내곤 하였다. 그때는 몰랐는데 알고 보니 내가 힘들고 괴로워서 타인에게 화를 내거나 괴롭게 하였던 것이다.

내 경험을 비추어보면, 자기치유가 안 된 사람이 남을 괴롭게 한다. 자신이 힘들고 괴롭기 때문에 타인을 괴롭게 하고 힘들게 한다. 내가 치유되어 평온해지면 타인에게도 평화롭게 대한다.

옛날에는 늘 상대방이 무엇인가를 해주기를 원하고, 속으로 바라는 마음을 가지고 살았다. 아내가 이렇게 해주기를 바라고, 자식이 저렇게 해주기를 바랐다. 그러다가 내 기대대로 안 되면 짜증을 부리고 실망하고 원망을 하였다.

나중에 돌이켜보니, 내 마음이 괴로운 이유는 모두 나에게 있었다. 내가 치유되지 않아서 병든 내 마음을 상대방에게 투사해 놓고 미워하고 원망을 하였던 것이다. 나의 욕구불만을 상대방에게 투사해 놓고 불평불만을 하였던 것이다.

이제 누구에게나 바라는 마음을 내려놓고 살게 되었다. 바라는 마음에서 서운한 마음이 생기고 서운한 마음이 미움으로 발전한다는 것을 알기 때문이다. 바라는 마음이 없으면 서운한 마음도 미워하는 마음도 없다.

그리고 인간관계가 순결해졌다. 바라는 마음을 내면 있는 그대로의 그 사람과 만나지 못한다. 부모가 아이가 공부 잘하기를 바라면, 마음속으로 만들어낸 그 공부 잘하는 아이와 비교하면서 있는 그대로의 실제 아이를 원망하게 된다. 아내가 남편이 돈을 잘 벌기를 바라게 되면 마음속에 있는 그 돈 잘 버는 사람을 생각하면서 있는 그대로의 남편을 미워하게 된다.

마음공부를 한 후로 번잡스러운 인간관계를 모두 청산하였다. 대화가 되고 마음이 통하는 친구를 제외하고 쓸데없이 술이나 먹고 시간을 축내는 사람들을 모두 정리하였다. 깨어 있는 삶을 살면서부터는 옛날에 함께 어울리던 그들과 더 이상 어울리지 않게 되었다.

내가 부드러워졌다. 옛날에 비하면 언행이 순하고 부드러워졌다. 이 공부를 한 후로 사람에 대한 연민과 사랑이 생기면서 타인을 따뜻한 시선으로 바라보게 되었다. 그러한 변화는 나름대로 마음공부가 되었기 때문이라고 생각한다. 감정이나 생각이나 느낌에 휘둘리는 마음의 노예로 살지 않고, 마음의 주인으로 살게 되면서 마음이 평온해졌기 때문이다.

사람에 대한 차별심이 없어졌다. 옛날에는 편견과 고정관념을 가지고 사람을 대하였다. 이 공부를 한 후로 차별할 수가 없게 되었다. 왜냐하면 모든 사람은 귀하고 평등하기 때문이며, 내가 다른 사람들의 은덕으로 살고 있고, 내 삶이 타인의 노고와 희생으로 이루어져 있다는 것을 알게 되었기 때문이다.

사람에 대한 이해도 한층 깊어졌다. 마음공부를 한 후로 상대방의 아픔이 무엇인지 상대방의 욕구가 무엇인지 알게 되면서 상대방을 더 깊이 이해하게 되었다. 상대방의 입장과 처지에서 생각하게 되고, 연민의 마음으로 대하게 되었다.

이제 지고 사는 편이다. 내 주장을 강하게 펼치거나 굳이 시시비비를 가리려고 하지 않고 특별한 일이 없으면 내가 먼저 양보하고 지면서 산다. 나보다 상대방을 우선 생각하고 배려하면서 산다. 내가 이기려고 하지 않고 져주려고 한다. 그것이 평화를 지키는 길이며, 멀리 보면 이기는 길이기 때문이다.

죽음에 대한 두려움이 사라지다

옛날에는 무서움을 잘 타고 두려움을 자주 느끼면서 살았다. 마음공부가 안 되어 있을 때는 죽음에 대한 큰 공포심과 두려움을 가지고 있었다. 귀신이 있는지 없는지, 사후세계가 있는지 없는지 확신이 서지를 않아서 정신적으로 혼란스러웠다.

그래서 마음속에서 심한 무서움을 느끼곤 하였다. 혼자서 외딴 화장실에 들어가거나 어두운 곳에 가면 무서워하였다. 시골 마을에 있는 성황당이나 상엿집을 무서워하고 무덤을 보면 무서워하였다.

마음속에 귀신에 대한 두려움이 있었다. 어두운 곳에 가면 꼭 하얀 소복을 입은 귀신이 나타날 것만 같았

고, 혼자서 잠을 자려면 귀신이 앞에 서 있는 것처럼 상
상을 하면서 무서워하였다.

이런 무서움과 두려움은 마음공부가 무르익어 가
면서 점차 사라져 갔다. 결정적으로 혼자서 시골 빈집
에서 살아본 후에 무서움이 사라지게 되었다. 실제로
경험해 보니 귀신은 실재하는 게 아니라 마음속에 있는
환영이라는 것을 확실하게 깨달았기 때문이다.

옛날에 귀신영화를 많이 보고 귀신에 대한 이야기
를 많이 들었던 것이 귀신을 무서워한 원인이 되었던
것이다. 과거에 영화나 드라마 등을 통해서 공포를 느
끼면서 보았던 귀신의 모습이 무의식 속에 잠재해 있었
고, 캄캄한 밤이 되면 무의식에 있는 그 모습을 떠올려
놓고 무서워한다는 것을 깨달았다.

그런 잘못된 믿음을 갖게 된 것은 종교의 역할도 크
다. 일부 무속인과 종교인들이 귀신이 있다고 주장하면
서 사람들에게 무서움과 두려움을 조장하고 있기 때문
이다. 그런 비과학적이고 황당한 믿음을 사람들에게 심
어 놓고 그 불안 심리를 이용했던 것이다.

요즘에도 가끔 상식적으로 이해하기 어려운, 귀신

을 쫓아낸다면서 약물을 먹이거나 때려서 죽이는 등의 사건을 접하게 된다.

귀신은 모두 마음의 장난이다. 귀신은 실재하는 것이 아니라 사람들이 용처럼 상상으로 만들어낸 허구이다. 귀신은 에고의 장난이라고 볼 수 있다. 귀신은 마음속의 불안심리가 에고와 결합하여 만들어낸 것이다. 과거에 영화나 드라마에 나온 귀신에 대한 형상을 떠올리면서 무서워하는 것이지 귀신은 실재하지 않는다. 마음공부를 하지 않으면 이렇게 허무맹랑한 귀신에 속아서 불안과 두려움 속에서 살아가기 십상이다.

과학적으로도 귀신은 존재할 수 없다. 죽어서 육신이 소멸되면 뇌의 작용인 마음도 따라서 소멸되기 때문에 귀신이란 있을 수가 없다. 매일 세계의 뉴스를 접하고 있는 요즈음 세계 어느 곳에서도 귀신으로 인해서 소동이 벌어지는 일이 뉴스에 나온 적이 없다.

그러니까 내가 나에게 속아서 귀신을 무서워했던 것이다. 그래서 붓다가 말한 정견正見이 중요하다. 이렇게 '바른 견해'를 갖지 못하고 살면 자신에게 속고 남에게 이용을 당하게 되기 때문이다.

마음공부를 하자 흐릿해 보이던 대상이 선명하게 보이기 시작하였다. 명상을 한 후로 마음이 평온해지면서 직관력과 함께 통찰력도 생기게 되었다. 마음이 정화되면서 마음속에 자리 잡고 있던 분노, 미움, 불안 등의 부정적인 에너지가 빠져나가고 차츰 마음이 평온해지자 직관력과 통찰력이 생기게 되었다.

죽음을 좋아하는 사람은 아무도 없다. 누구나 살고 싶은 생존에 대한 본능이 있기 때문이다. 하지만 누구나 생로병사의 길을 간다. 인류의 스승인 붓다도 고향으로 가는 길에 탁발해서 가져온 변질된 음식을 먹고 식중독으로 고생하다가 죽었다.

누구나 죽음에 대한 원초적인 두려움은 가지고 있다. 하지만 마음공부와 철학을 공부한 후로 죽음에 대한 두려움이 사라졌다. 지금 이 순간에도 우주에서는 수많은 별들이 생겨났다 사라지고 있으며, 지구에서도 수많은 생명체들이 태어나고 죽어가고 있다.

철학을 통해서 사람은 자연이며, 자연의 법칙에 따라 생로병사의 길을 갈 수밖에 없는 존재라는 것을 깨달았다. 우주 삼라만상은 스스로 생겨나고 스스로 변화하면서 생명을 유지해 간다. 삶과 죽음은 자연의 법칙이요 우주의 질서이다. 사람은 무수한 생명체와 같이 자연에 부속되어 있으며 자연의 조화로 생겨나고 사라진다.

결정적으로 '참나'를 깨달은 후로 두려움이 사라졌다. '참나'를 깨닫기 전에는 내가 죽으면 소멸되는 것으로 생각을 하였다. 내 안에 '참나'가 있으며 그 '참나'는 '우주아宇宙我'라는 것을 알게 되었다. 이 '참나'를 하느님이나 부처님이라고도 한다. 그러니까 내 안에는 신과 부처가 함께 있는 것이다.

파도는 한 번도 바다를 떠난 적이 없는 바다 그 자체이듯이, 나는 한 번도 우주와 분리된 적이 없는 한 몸이다. 나는 육신에 국한되어 있지 않고 우주가 그대로 나인 것이다. 나는 스스로 그러한 자연의 법칙에 따라서 변화되어 갈 뿐이다. 그래서 모든 것을 자연에 맡기고 변화에 순응하면 되는 것이다.

제 3 장

깨달음의 여정

깨달음은 내 인생의 큰 변곡점이 되었다.
깨달음은 나를 자유롭게 하였다.
마음속에 갈증과 두려움이 사라지게 했으며
나의 인생에 대한 고민의 종지부를 찍게 하였다.

깨달음은 의식을 확장시켜 주었으며
'작은 나'에서 '큰 나'로 거듭나게 해주었다.
나는 하찮게 살다가 소멸되는 존재가 아니라
우주와 분리된 적이 없는 우주이며
자연 자체라는 것을 깨닫게 되었다.

그 후로 소유에 중독된 삶에서 벗어나
에고의 노예로 살지 않고 본래의 나로 살게 되었고
평온하고 여한이 없는 삶을 살게 되었다.

깨달음을 얻다

우리는 본래 깨달아 있다. 우리는 태어나는 순간부터 깨달아 있고 인간을 제외한 모든 존재는 깨달음 속에서 살아가고 있다. 그것을 모르고 많은 사람들이 깨달으려고 애를 쓴다. 많은 사람들이 깨달음에 목말라 하고 깨달음에 대해 궁금해 한다.

사람들은 깨달음을 대단히 어려운 것으로 생각한다. 깨닫기가 아주 어렵고, 깨달으면 미래를 예언하고 신통력을 발휘하고 신출귀몰하는 재주를 부리는 것이라고 생각을 한다. 목숨을 건 어려운 과정을 거쳐야 깨달을 수 있는 것이 아니고, 타고난 능력을 가진 사람만이 깨달을 수 있는 것도 아니다.

깨달음이란 세수하다가 코 만지기보다 더 쉽다고 하였다. 누구나 깨달을 수 있는 조건과 환경이 만들어지면 깨달을 수 있다. 깨달음을 자기만의 특별한 체험이라고 착각하지 말아야 한다.

선가禪家에는 '본증묘수本證妙修'라는 말이 있다. '깨달음을 얻기 위해서 수행하는 게 아니라 깨달음을 드러내려고 수행을 한다'는 뜻이다. 그러니까 본래 깨달아 있다는 것이다.

왜 깨달아야 하는가? 깨달으면 근심, 걱정과 괴로움에서 벗어나게 된다. 깨달으면 허무맹랑한 사후세계나 귀신에게 현혹되지 않고 인생과 생사에 대한 의문이 풀리게 된다. 깨달아야 두려움에서 벗어나고 참된 자유와 깊은 행복을 누리게 된다.

깨닫고 나면 어떻게 달라지는가? 마음속에 갈증이 사라지고 평온해진다. 깨달으면 인생이 놀이가 되고 소풍이 된다. 깨달으면 세상을 보는 관점이 달라진다. 황당하고 허망한 관념의 세계에서 살지 않고 생생한 현실세계를 경험하게 된다.

깨달으면 닫혀 있던 의식이 열리게 되어 '작은 나'

에서 벗어나 '큰 나'로 거듭난다. 깨달으면 늘 평화롭고 사는 것이 즐겁다. 깨달으면 깨어 있는 삶을 산다. 깨어서 참나와 함께 지금 이 순간을 산다.

깨달음이란 자신의 순수한 본성을 깨닫는 것이다. 깨달음이란 자기 자신이 누구인지를 아는 것이다. 깨달음이란 참된 나를 깨닫는 것이요, 무아를 체험하고 주관과 객관이 합일되는 체험이다. 나와 남과 세상이 분리되지 않는 하나라는 것을 깨닫는 것이다. 때 묻지 않은 어린아이의 마음으로 돌아가는 것이다. 깨달은 사람을 보려면 어린아이를 보면 된다.

깨닫는 방법은 아주 다양하다. 사람에 따라서 각기 다른 체험으로, 문화에 따라서 다양한 방법으로 깨닫는다. 명상을 하거나 화두를 들거나 선승이 질문하는 제자를 때리는 것은 모두 생각이 사라진 마음자리를 보게 하기 위한 것이다.

깨달음은 생각을 뛰어넘는 곳에 있다. 생각이 일어나기 이전의 자리이다. 깨달음이란 생각이 사라진 마음의 본체이다. 생각이 사라지고 없는 본래의 마음이란 에고에서 벗어난 상태이자 순수의식을 말한다.

구름이 사라지고 나면 항상 그 자리에 있는 푸른 하늘이 드러나듯이, 번뇌 망상으로부터 벗어나 마음이 고요해지면 자연히 깨닫게 된다. 자연스럽게 무아의 상태가 되고 주객합일이 이루어져서 불이의 세계를 경험한다.

마음을 비우고 내려놓아 이완이 되면 자연스럽게 깨닫게 된다. 명상을 통해서 깨달을 수 있고, 또는 마음을 완전히 비우고 자연 속에서 지내다 보면 깨닫는 순간이 온다. 저녁노을이나 밝은 보름달을 바라보다가 깨닫기도 하고, 빗소리·물소리·새소리를 듣고 깨닫기도 하고, 몸이 아파서 깨닫기도 한다.

중학생 시절에 지독한 독감으로 사경을 헤맨 적이 있었다. 고열이 지속되어 머리는 쪼개질 듯 아프고, 입 안과 목구멍이 헐어서 물과 음식물을 제대로 삼키지도 못하고 열흘 이상 학교에 가지 못한 채 끙끙 앓았다. 며칠이나 지났을까. 그렇게 심하게 아픈 중에 마음이 한없이 평온해지면서 강렬한 현존과 함께 형언할 수 없는 희열이 내면에서 피어올라 왔다. 몸은 불덩어리처럼 뜨겁고 온몸이 두들겨 맞은 것처럼 아파도 내면은 아주 평온하고 환해진 밝은 자리가 있었다.

그것이 나의 최초의 깨달음이다. 그때는 그것이 뭔지 잘 모르고 살아왔는데 사십 대에 감기에 걸려 앓게 되면서 다시 생생하게 그때의 경험이 살아 올라왔다. 그러고 보니 그것이 내가 경험한 최초의 깨달음이었다.

그 후 성년이 된 후에 명상을 하던 중에 깨달음이 찾아왔다, 어느 여름날 혼자서 시골집 마루에 앉아서 명상을 하고 있었다. 그런데 갑자기 소나기가 쏟아져 내렸다. 한바탕 시원하게 쏟아지고 난 소나기가 사라지고 지붕에서 떨어지는 낙숫물 소리만 들려왔다. 그때 텅 빈 마음자리에서 말할 수 없는 환희심이 피어올라왔다. 그리고 눈을 뜨니 온 세상이 그대로 나였다. 눈에 들어오는 산과 나무와 풀과 바위가 나와 분리되지 않고 온전히 하나였다.

또 한 번은 산에 올라 바위에 걸터앉아서 느낌명상을 하고 있는데 어디선가 바람이 불어왔다. 한동안 살랑살랑 불어오는 바람을 온몸으로 느끼고 있는데 또 마음속에서 말할 수 없는 환희심이 피어오르고 한없이 평온한 마음자리에 이르게 되었다.

그리고 어느 날 절에서 운영하는 선방에서 명상을 하던 중에 마음속에서 희열이 차올라왔다. 호흡과 내 몸이 모두 사라지고 아무것도 느껴지지 않는 상태에 빠져들더니 고요하고 형형한 마음자리에 이르게 되었다.

이러한 체험의 공통점은, 생각으로부터 벗어나자 피어오르는 희열과 함께 내면에 참나가 자리 잡고 있는 것이 생생하게 느껴졌고, 나와 세상이 분리되지 않는 온전히 하나라는 것을 생생하게 깨닫게 되었다는 것이다.

깨달음은 완성이 아니다. 새로운 시작일 뿐이다. 깨달음과 해탈은 다르다. 깨달았다고 해서 해탈한 것은 아니다. 깨달은 후에도 마음공부는 계속되어야 한다. 깨달아도 관념의 세계에서 벗어나기는 쉽지 않다. 잘났다 못났다, 좋다 싫다, 옳다 그르다는 분별망상이 올라오기 때문이다. 세상이 차별 없이 평등하게 보일 때까지 공부는 계속되어야 한다.

본
래
의

나
로

살
다

마음공부를 한 후로 뚜렷하게 변화된 것 중의
하나는 '본래의 나'로 사는 순간들이 많아졌
다는 것이다. '본래의 나'는 가장 순수한 나요,
참된 자아요, 때 묻지 않은 나의 본래면목이다.

'본래의 나'는 고요하고 밝은 순수의식이다. 개체
속에 내재해 있는 순수의식은 우주대자연을 움직이는
생명의 주체인 우주의식이기도 하다. '본래의 나'는 나
의 본성이요 근원이다.

마음공부를 하기 전에는 늘 본래의 나로 살지 못하
고 에고가 지배하는 삶을 살았다. 그래서 마음이 늘 산
란하고 불안하며 화를 자주 내고 우울함에 자주 빠져서

살았다.

우리는 본래의 나를 늘 경험하고 있지만 마음에 가려져서 그것을 알지 못한 채 살아가고 있다. 내면에 있는 본래의 나를 깨닫지 못하는 한 진정한 마음의 평화와 깊은 행복을 누릴 수가 없다.

세상 사람들은 대부분 부귀영화를 삶의 목표로 삼고 살아간다. 소유욕망에 취해서 더 많이 가지려고 부단한 노력을 경주한다. 아무리 많은 재물을 가지고 있고 사회적 지위가 높아도 본래의 나로 살지 못하면 결코 행복할 수가 없다.

본래의 나로 살아야 참된 삶을 살게 된다. 그렇지 않으면 에고에 끌려다니는 삶에 지나지 않기 때문에 환경이나 조건이 바뀌면 언제든지 다시 불안과 두려움을 느끼면서 불행해질 수 있다.

본래의 나로 살 때 가장 행복해진다. 본래의 나로 살 때 가장 평온하고 순수해진다. 내면에서 본래의 나를 만날 때 가장 순수하고 깨끗한 기쁨이 올라온다.

나는 자주 본래의 나로 돌아오는 시간을 갖는다. 가끔씩 눈을 감고 몸속으로 들어오고 나가는 호흡을 지켜보면서 본래의 나로 돌아온다. 조용히 앉아서 명상음악이나 자연의 소리를 듣거나, 단순한 일을 하면서 판단 분별을 하지 않고 무심하게 지내면서 본래의 나로 돌아온다.

휴일에는 자연을 자주 찾아간다. 자연 속에서 지내면서 본래의 나를 만나고 싶어서이다. 꽃과 숲을 바라보면서, 잔잔한 호수를 바라보거나 저녁노을을 바라보면서, 맑은 시냇물을 바라보면서 본래의 나로 돌아온다.

바람소리나 새소리와 물이 흐르는 소리를 들으면서 본래의 나로 돌아온다. 따사로운 햇살을 느끼거나 바람이 스치고 지나가는 것을 느끼면서 본래의 나로 돌아온다.

일상생활 중에는 청소를 하거나 설거지를 하거나 샤워를 하면서 본래의 나로 돌아온다. 은은한 차를 마시면서 본래의 나로 돌아온다. 조용한 오솔길을 산책하면서 본래의 나로 돌아온다.

본래의 나를 만나는 시간은 신과 합일된 시간이요, 우주와 하나가 되는 시간이다. 본래의 나로 돌아오면 내 안에서 신을 만나고 부처를 만나게 된다. 내 안에 늘 깨어 있는 본래의 나가 하느님이요 부처님이기 때문이다.

우리는 본래 행복한 존재이다. 우리가 행복하지 않은 것은 진정한 나를 잃어버리고 살기 때문이다. 우리는 그 본래의 자리로 돌아가야 한다. 우리는 잃어버린 본성을 회복하기 위해서 공부를 한다. 본성을 회복해야 인생고에서 벗어나 참된 기쁨과 행복한 삶을 살 수 있게 된다.

충만한 삶을 살다

나는 요즘 자주 충만함을 느끼면서 살고 있다. 물질적으로 풍족해서가 아니고 사회적인 높은 지위를 얻어서도 아니다. 마음이 부자가 된 것이다. 늘 궁핍함과 부족감으로 허덕이던 마음이 사라져 평온하고, 적은 것으로도 만족하고 행복감을 느끼면서 살고 있다.

겨우 작은 아파트 한 채를 소유한 것이 내 재산의 전부이지만, 마음이 평온하고 여유가 있으니 마음부자가 된 것이다. 이것이 마음공부를 한 후로 변화된 내 모습이다. 물질적인 풍요보다도 마음이 넉넉한 사람으로 살고 있다. 내 주변에는 재산이 많고 지위가 높아도 행복하지 않은 사람들이 있다. 아무리 가진 재산이 많아도 진정한 나를 모르고 살거나 만족할 줄 모르면 불행한 사람이다.

명상을 하면서 충만함을 느꼈고, 자연과 함께 지내면서 자주 마음속에 충만함이 가득한 순간들을 경험하였다. 명상을 통해서 삼매에 들어가면 내면에서 올라오는 희열을 맛보게 된다. 세상 어디에서도 맛볼 수 없는 깨끗하고 깊은 희열과 만족감을 느낄 수 있었다.

명상을 하고 나면 마음이 정갈해지고 눈과 머리가 맑아진 것을 느끼면서 충만함을 느끼고, 그 충만감과 기쁨의 여운은 몇 시간 동안 지속되었다. 그렇게 살아오면서 마음이 정화되고 내 스스로 치유되는 경험을 하게 되었다.

나는 하루 중에서 고즈넉한 저녁풍경을 가장 좋아한다. 땅거미가 지는 저녁시간에 충만함을 자주 느낀다. 조용한 시골마을에서 피어오르는 밥 짓는 연기와 서서히 어슴푸레 어둠이 깔리는 풍경을 바라보면서 한없는 충만감에 젖곤 하였다.

밤하늘에 뜬 밝은 달을 보면서 충만감을 느낀다. 달

빛에 젖어 은은한 세상이 펼쳐지는 풍경을 바라보면서 충만감을 느끼곤 한다. 아무리 오래 쳐다보아도 눈이 부시지 않는 달을 보고 있으면 한없는 평온함과 행복을 느낀다.

비가 내리는 광경을 바라보면서 충만감을 느낀다. 잔잔한 이슬비가 내려도 좋고, 부드러운 보슬비가 내려도 좋고, 세찬 소나기가 퍼부어도 좋다. 비가 오는 날이면 촉촉해진 풍경과 함께 떨어지는 빗방울을 바라보면서 한없는 충만감에 젖곤 하였다.

봄이 되면 형형색색의 야생화가 피어난 들녘을 걸으면서 충만감을 느끼고, 바람에 일렁이는 숲을 바라보면서, 잔잔한 호수를 보거나 여름날 맑은 계곡물이 졸졸 흐르는 광경을 바라보면서 충만함을 느꼈다.

어두워져 가는 저녁시간에 불타오르는 노을을 바라보면서, 모를 심을 무렵인 오월이면 논에서 들리는 개구리 소리와 여름밤 풀벌레들의 합창소리를 들으면서, 아무런 소음이 없는 적막한 밤에 홀로 촛불을 켜놓고 앉아서 충만감에 빠져들곤 하였다.

충만함은 은은하면서도 가슴이 벅차오르는 느낌이

다. 충만함은 감동을 받을 때 혹은 마음이 고요해질 때 마음 밑바닥에서부터 차오르는 느낌이다. 충만감은 내게 살아 있는 기쁨을 느끼게 하고 존재하는 기쁨도 함께 느끼게 한다.

늘 시끄러운 소음이 있고 현란한 불빛이 넘치는 도시에서는 그런 충만함을 느끼지 못한다. 차량과 사람들로 넘쳐나는 도시의 거리와 빼곡한 건물들이 밀집해 있는 도시에서는 그런 기쁨과 충만감을 느끼지 못한다.

충만감은 오직 명상상태에서만 느낄 수 있다. 여기서 말하는 명상상태란 마음이 고요해져서 본래의 나가 느끼는 순수의식의 상태를 말한다. 충만감은 순간적인 쾌락이나 일시적인 기쁨이 아니라 내면 깊숙한 곳에서 피어오르는 영혼의 메아리이다.

내가 명상과 함께 살면서 자연을 자주 찾는 이유가 여기에 있다. 나는 산에 오르거나 한적하고 조용한 자연휴양림을 자주 찾아간다. 자연 속에서 지내다 보면 이유 없이 좋고 즐거워진다. 자연휴양림에 가서 쉬면서 자연을 느끼거나, 조용한 시골집에서 혼자 지내다 보면 그런 충만함을 느끼게 된다.

자연 속에서 조용히 지내다 보면 마음이 평온해지고 저절로 즐거워져서 사는 것이 좋고 행복해진다. 번우한 세상사를 모두 잊고 자연을 벗 삼아 단순하고 소박하게 살면 순간순간의 삶이 명상이 되고 잔잔한 기쁨과 충만함을 느끼게 된다.

목
마
름
이

없
는

삶
을

살
다

목마름이 없는 삶을 살아야 한다. 그래야 사는
것이 즐겁고 행복하다. 목마름이 없다는 것은
마음이 배고프지 않는 것을 의미하고, 정신적
인 갈증과 심리적인 허기가 없다는 것을 말한다.

많은 사람들이 살아가면서 뭔가 목이 마른 것 같은
것을 느낀다. 다시 말하면 심리적으로 갈증을 느끼고,
배가 고픈 증상을 느끼면서 살아간다. 마음속에 갈증과
허기가 있다는 것은 만족하지 못하고 행복을 느끼지 못
한다는 뜻이기도 하다. 심리적인 허기와 갈증은 불만
족의 다른 표현이기도 하다. 무엇인가 부족하기 때문
에 그런 목마름을 느낀다.

그런데 명상을 공부한 후로 언제부턴가 나도 모르게 심리적인 허기와 정신적인 갈증이 사라졌다. 나는 마음공부를 하기 전에는 항상 부족감과 결핍감을 느끼고 불만족 속에서 살았다. 그래서 자주 불평불만을 하고 수시로 짜증을 내면서 살았다.

목마름이 없다는 것은 마음이 치유되었다는 증거이기도 하다. 삶에 갈증이 사라지니 그만큼 마음이 편안해졌다는 뜻이고, 괴롭고 힘든 마음에서 벗어났다는 의미이기도 하다.

이렇게 내가 치유가 될 수 있었던 것은 내 인생에 큰 변화를 주었기 때문이다. 그래서 마음이 편해지고 마음이 정화되었으며, 부정적인 감정의 에너지가 빠져나가고 맺혀 있던 응어리가 녹아서 없어진 것이다.

그렇게 변화될 수 있었던 것은 머리 아프게 하는 복잡한 생활을 정리하고 단순하고 소박하게 살았기 때문이다. 다른 말로 하면 욕망과 집착에서 벗어나게 되자 스트레스를 받지 않고 심리적인 압박감에서 벗어났다는 뜻이다.

나는 산골마을에서 2년간 혼자 살 때가 가장 행복

했었다. 그렇게 살면서 정화의 시간을 가졌기에 치유되어 내 삶이 정상으로 되돌아올 수 있었다. 산골마을에서는 산에서 땔감을 주어다가 때고 살았고, 대전의 변두리 단독주택에서 10년 동안 살 때도 연탄을 때고 살았다.

그렇게 가난하게 살았지만 마음만은 항상 부자였다. 소유욕망에서 벗어나니 우주가 모두 내 것이 되었다. 해와 달이 내 것이요, 산과 들이 내 것이 되었으니 얼마나 부자인가? 늘 고요하고 한적한 자연과 가까이 살면서 나는 치유되어 갔고 사는 것이 즐거웠다.

어떤 것에 붙잡혀 있으면 마음이 불편해진다. 그렇게 십 수 년을 혼자 지내면서 마음을 비우고 내려놓고 살았다. 나를 비우고 마음의 짐을 내려놓자 구름이 사라지고 맑은 하늘이 드러나듯이 오랫동안 나를 괴롭혔던 번뇌가 사라지고 마음은 평온해졌다.

쓸데없는 욕망과 집착에서 벗어나자 본래의 나를 회복하게 된 것이다. 돈을 벌고 사업에 치중하는 것보다는 내가 행복하고 나답게 사는 것이 더 소중함을 느꼈다. 그렇게 목마름이 사라지고 늘 감사하고 만족하면서 살고 있다.

영혼과 일치된 삶을 살다

조화로운 삶을 살아야 한다. 몸과 마음과 영혼
이 조화와 균형을 이루는 삶을 살아야 건강하
다, 내 자신과 일치된 삶을 살아야 타인과 조
화를 이루고, 세상과 조화를 이루는 아름다운 삶을 살
수 있다.

　마음이 안정되지 않거나 치유되지 않으면 자신의
영혼과 동떨어진 삶을 살아간다. 마음이 바쁘거나 쫓기
게 되거나 스트레스를 받게 되면 자신의 영성과 단절이
된다.

　화가 나거나 우울하거나 불안하거나 두려움에 빠
져서 마음이 혼란에 빠지거나 마음이 괴로우면 삶에 균

열이 생기게 된다. 그렇게 살면 몸은 몸대로, 마음은 마음대로, 영혼은 영혼대로 분열된 삶, 영성이 고갈된 삶을 살게 된다.

그렇게 몸 따로, 마음 따로, 영혼 따로 살면 병이 생긴다. 내 젊은 시절의 삶이 그랬다. 마음속에는 온갖 욕망이 가득했고, 스트레스를 받는 일이 많아지고 술을 자주 먹고 다니면서 흐트러져서 내 영혼의 소리를 듣지 못한 채 살았다. 그래서 몸에 병이 생기게 되고 삶은 피폐해져만 갔다.

자신의 영혼의 소리를 들을 줄 알아야 한다. 자신의 몸과 마음과 영혼이 조화를 이루는 삶을 살아야 한다. 몸과 마음과 영혼이 하모니를 이루는 삶을 살아야 한다. 그래야 자신의 삶을 멋지게 활짝 꽃피울 수 있다.

영혼의 소리를 듣고 단절된 영성을 회복하려면 마음이 평온해지고 고요해져야 한다. 마음속에 번뇌와 갈등이 없어야 평온해지고, 명상을 통해서 마음이 고요해지면 그동안 끊겨 있던 영성과 연결이 되어 영혼의 소리를 듣게 된다.

이 공부를 하면서 언제부터인지 내 영혼과 일치된

삶을 살고 있다. 마음속에 혼란이나 갈등이 없다. 두려움이나 무서움도 없다. 무엇을 해도 마음에 어긋나는 일이 없다. 그저 오늘도 내가 할 일을 하면서 내 삶을 살고 있을 뿐이다.

내 영혼의 소리에 따라서 세상 사람들이 중시하는 부귀영화를 추구하는 삶을 버리고 가난하게 최소한으로 만족하면서 살아가는 구도자의 삶을 살아온 것이다. 소유보다는 존재를 더 귀한 가치로 두고 살아왔다. 그래서 돈은 벌지 못했지만 잃어버린 행복을 찾았고 잃어버린 나를 되찾았다. 돈보다는 행복하고 나답게 사는 것이 소중하다는 것을 깨달았기 때문이다. 가진 것은 없지만 참된 나를 만나서 내 삶에 만족하면서 나날이 기쁘고 감사한 마음으로 살아간다.

그렇다고 현실생활을 무시할 수는 없다. 누구나 자기 나름대로의 최소한의 생계대책을 가지고 있어야 한다. 최소한 자신의 의식주를 해결할 수 있어야 한다. 자신의 생계를 꾸리고 살 정도의 경제력은 가지고 있어야 한다. 그래야 자신의 삶을 안정적으로 운용할 수가 있기 때문이다.

하지만 돈의 노예가 되어서 살면 참된 진리의 세계로부터 멀어진다. 온갖 욕망과 집착에 얽매이게 되면 '작은 나'에 갇혀서 '큰 나'로 거듭난 삶을 살 수가 없고, 그렇게 살면 인생의 궁극적인 문제를 해결하지 못하여 불안과 두려움 속에서 살면서 참된 행복에 이르지 못한다.

부자가 되거나 높은 지위에 오르려고 하면 진리의 세계와 멀어질 수밖에 없다. 부자가 되려면 남보다 더 많은 욕심을 부려야 하고, 지위가 높아지려면 타인과의 경쟁에서 이겨야 하고 타인을 밟고 나아가야 한다.

그러한 형태의 세속적인 삶과 진리를 좇고자 하는 삶은 양립하기가 어렵다. 그래서 성자들이나 깨달은 이들은 하나같이 무소유를 말하고 가난하게 살라고 한 것이다. 너무 물질에 경도된 삶이 아니라 물질과 정신적인 삶이 조화를 이루는 삶을 살아야 한다.

영적인 삶이 없으면 자신을 구제하기 어렵다. 영성과 단절된 삶을 살면 그 누구도 깊은 행복과 존재하는 기쁨을 누리지 못하게 된다. 영혼과 하나가 된 삶을 살면 마음이 충만해져서 여한이 없는 삶을 살게 된다.

여한이 없는 삶을 살다

나는 가끔씩 지금 죽어도 여한이 없다는 생각을 한다. 언제부터인지 이렇게 여한이 없는 삶을 살고 있다. 해볼 것은 다 해보아서 더 해보고 싶은 것도 없고 못해봐서 아쉬운 것도 없다.

회사원 생활도 해보았고, 회사를 차려서 운영도 해보았고, 정치도 해보았고, 지방의원도 해보았고, 예술단체의 대표도 해보았고, 명상지도자가 되어 명상을 오랫동안 지도하기도 하였고, 대학교에서 강의도 해보았고, 책을 출판하여 작가도 되어 보았고, 공기업 임원도 해보았다.

별 재산은 없지만 작은 집이라도 하나 지니고 살고

있고, 고급차는 아니지만 헌 자동차도 굴리고 있으니 못 가져봐서 아쉬운 것도 없고 더 갖고 싶은 것도 없다. 결혼해서 자식도 낳아 길러보았고 좋은 사람과 평생 도반으로 살고 있으니 아쉬울 것이 없다.

나는 내 삶에 대해 크게 만족하고 있다. 밥 세 끼 굶지 않고 살고 있으며, 편히 쉴 집이 있고, 편안하게 함께 사는 사람이 있고, 내가 좋아하는 일을 하면서 사니 이만하면 되었다고 생각을 한다.

내가 이렇게 변한 것은 나이가 사십 중반 즈음이 되면서부터였다. 그 이전에는 늘 불만족 속에서 불평을 하면서 살았다. 나이가 들어서 그렇게 된 것이 아니라 내 삶에 변화를 주고 명상공부를 한 후부터 그렇게 된 것이다.

이대로 살다가 오늘 밤에 죽어도 아쉬울 것이 없다고 느낀다. 살아보니 오래 사는 것이 중요한 것이 아니라 어떻게 사느냐가 중요하다고 생각한다. 자기 인생을 스스로 건사하지 못한 채 천덕꾸러기가 되어 오래 사는 것보다는 열심히 일하고 행복하게 잘 살다가 죽을 때가 되면 미련 없이 세상을 떠나는 것이 더 낫다.

돈과 명예와 권력을 좇으면서 마음공부가 안 된 채 살던 때에는 항상 아쉬운 것이 많고 더 많이 갖고 싶고, 무엇이 되고 싶은 욕망으로 인해 진흙탕 속에서 꿈틀거리는 미꾸라지처럼 허우적거리면서 살았다.

약 20여 년 전에 본격적으로 명상공부를 시작하면서 죽음명상을 해보니 내 인생이 너무 초라하고 보잘것없이 살아왔다는 자책감이 들었다. 그 당시에는 지금 죽는다면 너무 억울할 것 같은 느낌이 들었다. 억울해서 죽을 수 없을 것만 같았다.

하지만 이제는 나이가 육십이 넘어서 나이를 먹을 만큼 먹은 탓도 있겠지만, 오늘 밤에 죽는다고 해도 그렇게 서운할 것도 없고 아쉬울 것도 없다는 생각이 든다. 사는 것이 평온하게 느껴지고, 모든 것이 있는 그대로 완전하다는 것을 느낀다.

삶의 주도권을 회복하다

마음공부를 하기 전에는 내 삶이 항상 흐트러진 실타래처럼 엉망이었다. 반복되는 이야기지만 정신적으로 방황을 하고 마음이 혼란스러웠으며, 불평불만을 자주 하였고, 분노와 불안과 우울함 속에서 살아갔다.

부정적인 감정과 생각의 지배를 받고 살았으며 에고의 장난에 놀아나 휘청거리면서 살았다. 그래서 내 삶이 평온하지 못하고 늘 바람 앞의 촛불처럼 흔들리고 흐트러진 채로 엉망이었던 것이다.

삶이 어지러웠으며 늘 이런저런 고민이 많았다. 마음은 천근만근 무겁고 얼굴은 딱딱하게 굳어 있었으며 고민은 늘 마음속에서 떠날 새가 없었다. 결국 쓸데없이 사람들을 만나서 술에 빠져 항상 허우적거리면서 살았다.

마음공부를 한 후로는 허튼짓을 하지 않고 산다. 옛날처럼 쓸데없는 일에 휘말려서 신경을 쓰고, 쓸데없는 사람들과 어울리면서 인생을 낭비하지 않고, 내가 꼭 해야 할 일만 하고 내가 하고 싶은 일을 하면서 살아간다.

마음공부를 하기 전에는 내 삶의 주도권을 에고에 온통 뺏기고 살았다. 에고가 시키는 대로 하고, 에고가 하자는 대로 따라서 사는 로봇에 불과하였다. 그래서 늘 마음속은 혼란스러웠고 온갖 갈등 속에서 살았다.

마음공부를 하기 전에는 마음의 노예로 살았다. 생각이 일어나는 대로 따라서 살았고, 부정적인 감정이 일어나면 그 감정에 따라서 마음이 춤을 추었다. 대상과 접촉하면서 일어나는 느낌에 따라서 마음이 흔들렸고, 욕망을 쫓아다니면서 살았다.

마음공부를 하기 전에는 생각의 노예로 살았다. 생각에 따라서 울기도 하고 웃기도 하면서 생각을 내 자신과 동일시하였다. 마음공부가 되지 않은 사람은 생각되어지는 대로 살고, 마음공부가 제대로 된 사람은 생각을 부리면서 산다.

마음공부가 안 될 때에는 자주 부정적인 감정에 빠져서 허우적거리면서 살았다. 화가 나면 화난 대로 짜증을 부리거나 신경질을 내고, 마음이 우울하면 우울함에 빠져서 살았다.

이제는 에고에 휘둘리는 삶을 살지 않는다. 깨어 있는 삶을 살기 때문에 에고에 쉽게 휘둘리지 않고 산다. 내 마음을 살피고 평정심을 유지하면서 살기 때문에 쉽게 흔들리지 않는다.

마음공부를 하기 전에는 에고가 어떻게 활동을 하는지도 몰랐고, 내 안에 참나가 작용하고 있는지도 모르고 살아왔다. 알아차림이 무엇인지도 모르고 깨어 있는 삶이 무엇인지도 모르고 살았다.

하지만 이제 나의 참된 주인은 에고가 아니라 '참나'라는 것을 깨닫게 되었다. 에고는 무의식 속에 숨어 있다가 생각과 감정을 통해서 자신을 드러낸다. 에고는 자만심이 강하고 열등감도 느낀다. 타인으로부터 무

시당하면 화를 내고, 타인을 깔보고 오만함에 빠지기도
한다.

　지금은 마음의 노예가 아니라 마음의 주인으로 살
고 있다. 마음에 따라 춤을 추지 않고 차분하게 마음의
움직임을 살피면서 평온한 마음으로 살아가고 있다. 부
질없는 생각에 빠져서 살지 않고 분노, 불안, 우울 등
부정적인 감정은 거의 느끼지 않으며, 평온함과 기쁨과
행복 속에서 나날을 살아가고 있다. 그래서 사는 것이
기쁘고 행복하다.

집착심이 떨어져 나가다

세상에 집착만큼 무서운 것은 없다. 모든 괴로움은 집착으로부터 비롯되고 세상을 시끄럽게 만드는 일들은 대부분 집착에서 기인한 것이다. 돈과 권력에 취하고 환락에 빠져서 살다가 패가망신하는 경우도 결국은 집착 때문이다.

사람을 괴롭히는 집착에는 여러 가지가 있다. 외모에 대한 집착, 돈에 대한 집착, 지위에 대한 집착, 권력에 대한 집착, 섹스에 대한 집착, 사람에 대한 집착 등등 많은 집착이 있다.

이처럼 나도 마음공부를 시작하기 전에는 흔히 세상 사람들이 원하는 부귀영화를 좇아서 살았고, 돈에 집착하고, 명예에 집착하고, 권력에 집착하면서 살았다. 돌이켜보면 전투하듯이 살았고 마음속에는 늘 갈등이 있었고 혼란스러웠다.

하지만 한동안 모든 것을 내려놓고 비우는 시간을 가지면서 나를 다시 바라보게 되었다. 돌아보니 불나방이 불속으로 뛰어들다가 결국은 불에 타서 죽는 것처럼 내가 불나방 같은 삶을 살았음을 알게 되었다.

이렇게 비우고 내려놓음으로써 집착에서 벗어나게 되었다. 무엇을 붙잡고 있거나 어떤 것을 가지려거나 이루려고 하는 마음에 싸여 있을 때는 마음이 방안에 있는 것처럼 협소해진다. 하지만 비우고 내려놓으면 창문을 열고 바깥세상을 보는 것처럼 시야가 넓어진다.

누구나 살아가다가 한번쯤 모든 것을 훌훌 털어버리고 겨울나무처럼 빈 몸으로 살아볼 필요가 있다. 평생을 욕망과 집착에 갇혀서 살면 그것이 전부인 줄 알고 아귀다툼을 하면서 자신의 마음이 병들고 삶이 망가져가는 줄도 모르고 살기 십상이기 때문이다. 그렇게 살다가 나중에 병이 들고 삶이 망가진 후에 땅을 치고 후회하게 된다.

자신이 욕망하고 집착하던 것에서 벗어나 한 발자국 비켜서서 보면 모두가 별것 없다는 것을 깨닫게 된다. 집착하고 있을 때는 그것이 아니면 못 살 것 같고, 그 사람이 없으면 못 살 것 같고, 그것이 없으면 큰일 날 것처럼 생각이 되지만 한 걸음 떨어져서 바라보면 그게 아니라는 것을 깨닫게 된다.

내가 그랬었다. 다니던 그 회사를 그만두면 못 살 것 같았고, 사업을 하다가 그 사업을 접으면 못 살 것 같았고, 정치를 하다가 그만두면 못 살 것 같았다. 하지만 한참 지나놓고 보니 그렇게 생각했던 것들이 어리석었다는 것을 깨닫게 되었다. 사소한 일이고 별것도 아닌 일인데 지나치게 심각하게 생각을 하고 걱정을 했던 것이다. 그 당시에 집착했던 일들을 그만두니 새 길이 열리고, 새로운 삶을 살게 되면서 정신적으로 더 풍요로워졌다.

세상일이라는 것이, 집착을 한다고 잘되는 것이 아니라 집착을 하다가 오히려 일을 그르치게 되는 경우가 더 많다. 집착을 하면 순리에 따르지 못하고 억지를 부리게 된다. 그래서 집착을 하면 마음이 힘들고 괴로워진다.

집착하면 시야가 좁아진다. 집착을 하면 우물 안의 개구리가 된다. 눈앞에 있는 것만 보고 멀리 넓게 보지 못한다. 집착하면 그것이 전부인 것처럼 보인다. 그래서 실수를 하고 실패를 하기 쉽다.

집착을 하면 마음이 고정되어 버린다. 마음이란 유동성이 있고 매사에 유연한 사고를 해야 하는데, 어떤 대상에 마음이 고정되어 있으니 융통성이 없이 얼음처럼 굳어버리게 된다. 그러니까 창조적이지 못하고 발전할 수 없는 것이다.

집착을 하면 눈이 멀어진다. 산속에 있으면 산을 제대로 보지 못한다. 산속에 있으면 나무만 보고 숲을 보지 못한다. 산에서 나와 밖에서 산을 보아야 산이 제대로 보인다. 이처럼 어떤 것에 집착을 하면 눈 뜬 장님이 되어 제대로 보지 못하게 된다.

집착을 하면 삶을 왜곡해서 경험하게 된다. 선입견을 가지고 지레짐작을 하고 자기 중심적으로 판단하면서 현상을 있는 그대로 보지 못하고 왜곡해서 보게 된다. 그래서 정상적인 사고와 행동을 하지 못하게 되기 쉽다.

　가끔씩 집착과 집념을 혼동하는 경우가 있는데, 분명히 집착과 집념은 다르다. 집착과 집념은 에너지의 성격이 다르다. 집착은 부정적인 에너지요, 집념은 긍정적인 에너지이다.

　집착은 어떤 대상에 마음이 기울어져서 그것을 잊지 못하고 달라붙어버린 상태이다. 그래서 거기에 계속 매달리게 된다. 하지만 집념은 마음이 그 대상을 향해 있지만 적당한 거리를 유지하고 있다.

　집착은 자신을 통제하지 못하고 무의식적으로 행위를 하고, 집념은 자신을 통제하면서 의식적으로 행위를 하게 한다. 집착은 할 수 없는 것을 억지로라도 하려고 하고, 집념은 자신의 계획 하에서 잘할 수 있는 일에 집중을 한다.

　집착은 무엇이든지 일거에 해결하거나 한꺼번에 이루려고 하는 데 반해 집념은 서두르지 않고 꾸준히 그리고 점진적으로 이루려고 한다. 그래서 집착에는 욕심이 작용을 하고, 집념에는 평화가 작용을 한다.

　집착은 어떤 대상에 고정되어 있어서 매달리게 되

지만, 집념은 어떤 것을 이루기 위해서 몰입하는 경우라고 볼 수 있다. 집착은 어떤 것에 매달려서 망치는 방향으로 가게 되지만, 집념은 하는 일에 몰입하여 불태우게 되는 방향으로 가게 된다.

집착과 집념의 결정적인 차이는 자신이 느끼는 정서를 살펴보면 금방 알 수 있다. 집착을 하면 분노와 불안과 두려움이 일어나지만, 어떤 일에 집념을 가지면 평화로움과 여유로움과 성취감과 행복감을 느낀다.

가장 쉬운 예로 사랑과 집착은 다르다는 것을 알 수 있다. 요즘 데이트 폭력이 가끔 뉴스를 장식한다. 사랑하던 남녀가 헤어지거나 멀어지는 과정에서 상대방에게 폭력을 행사하는 경우가 바로 그것이다. 그것은 사랑이 아니라 집착한 결과이다. 사랑은 상대방의 행복을 위해서 자신을 양보하고 질 줄 아는 것이고 집착은 자신의 욕심을 채우기 위한 것이다.

수험생의 마음이 괴롭고 스트레스를 받는 것은 결과에 집착 때문이다. 최선을 다하고 어떤 결과가 나오든지 겸허하게 받아들이면 되는데, 시험을 보기도 전에 벌써 '시험을 잘 봐야 하는데', '시험에 떨어지면 어쩌

나' 하고 걱정을 하면서 그 결과에 집착하다 보면 공부 과정이 힘들고 괴로워진다.

마음공부가 되면 세상에 집착할 일이 없다는 것을 알게 된다. 열심히 살지만 결과에 연연해하지 않고 살아가게 된다. 그래서 어떤 것에도 걸림이 없이 구름에 달 가듯이 살게 된다.

마음공부가 되면 가벼운 마음으로 살아간다. 있는 그대로 감사하고, 주어진 일을 열심히 최선을 다해서 살되 그 결과가 어떻게 되든지 되어가는 대로 살게 된다. 그것이 내가 요즘 살아가는 삶의 방식이다. 그래야 소중한 인생을 순간순간 즐기면서 살 수 있으니까.

제4장

거듭남의 여정

마음공부를 하면서 내 삶이 바뀌었다.

스스로 환골탈태했다고 생각한다.
흐트러진 삶을 살던 과거의 나는 죽었다.
욕망 속에서 허우적거리던 나는 죽었다.
늘 고민을 안고 살던 나는 죽었다.
실제로 내가 거듭난 삶을 살고 있다.

욕망과 집착에 빠져서 살던 똥파리 같은 삶에서
꽃을 찾아 유유히 날아다니는 나비 같은 삶으로
불을 쫓다가 불에 타서 죽는 불나방 같은 삶에서
사뿐사뿐 날아다니는 나비 같은 삶으로 변화한 것
이다.

거듭난 삶을 살다

명상을 통해서 나는 거듭난 삶을 살고 있다. 명상공부를 하기 전에는 화려한 불을 쫓아다니는 불나방 같은 삶을 살았다면, 지금은 이 꽃 저 꽃을 찾아서 사뿐사뿐 날아다니는 나비 같은 삶을 살고 있다.

명상으로 나는 환골탈태하게 되었다. 돈과 명예와 권력을 좇으면서 부귀영화를 목표로 살아가는 소유지향적인 삶이 아니라 순간순간 존재하는 기쁨 속에서 살아가는 존재지향적인 삶으로 삶의 방향이 바뀌게 된 것이다.

명상을 한 후 10여 년 지나다 보니 내 스스로 '내가 거듭났구나' 하고 느낄 수 있었다. 과거의 내가 아니라 새롭게 태어난 것이라고 생각되었다. 나비는 나비가 되기까지 여러 번 변화의 고통을 감내해야 한다. 알에서 애벌레로 변신하고 다시 번데기가 되었다가 나비가 된다. 이런 거듭나는 체험을 통해서 비로소 나비가 되듯이 나도 아픔과 진통을 통해서 거듭나게 되었다.

명상은 나에게 과거의 악습을 끊고 새로운 사람으로 거듭나게 하였다. 무엇보다도 명상을 한 후로 술을 먹지 않게 되었다. 정신을 혼란스럽게 하는 술을 먹지 않게 되니 내 삶이 바로 서게 되었다. 명상수행자가 되기 전까지는 이런저런 핑계로 술을 많이 먹고 흐트러진 삶을 살았으나 그 길에 접어든 이후로 십 수 년 간 술을 먹지 않고 살고 있다. 마음이 평화로워지니 자연스럽게 술이 멀어지게 되었다.

돌이켜보면 내가 스트레스를 받거나 마음이 심란하거나 허전하면 술을 찾았던 것이다. 다시 말해 허약해진 마음을 술을 통해 위로받고 싶었고, 술에 의존했던 것이다. 하지만 평정심을 회복하게 되자 술이 불필요하게 느껴졌다.

명상공부를 하게 되면서 주변정리를 하게 되었다. 내 향상의 길에 도움이 되지 않는 불필요한 인간관계를 모두 정리할 수 있었다. "끼리끼리 모인다"는 말이 있다. 술을 좋아하면 술친구만 꼬이고, 화투를 좋아하면 화투를 좋아하는 사람만 꼬이게 된다. 그동안 습관적으로 만나왔거나 내 삶에 도움이 되지 않는 비생산적인 인간관계를 모두 정리하였다.

마음이 안정되자 안개가 낀 것처럼 흐릿하게 보이던 세상이 선명하게 눈에 들어오게 되었다. 순간순간이 소중하게 느껴지고 매 순간이 분명하고 뚜렷하게 인식이 되었다.

나는 명상을 한 후로 깨어 있는 삶을 살게 되었다. 과거나 미래를 살지 않고 현재를 살게 되었다. 이미 지나간 과거의 일을 생각하면서 아쉬워하거나 괴로워하지 않고, 아직 오지 않은 미래를 상상하면서 걱정하지 않고 지금 이 순간을 살게 되었다. 오로지 현재 주어진 일에 전념하면서 단순하게 살아가고 있다.

명상을 공부한 후로 허튼 삶을 살지 않게 되었다. 쓸데없는 일을 하면서 시간을 낭비하지 않게 되었다.

마음공부를 한 후로 순간순간이 얼마나 경이롭고 소중한지를 깨닫게 되어 잠시라도 허튼짓을 하면서 시간을 낭비하지 않게 되었다.

명상은 내게 잃어버린 행복을 되찾아 주었다. 오랫동안 방황하고 마음의 고통 속에서 허우적거리던 삶에서 벗어나 이제 홀가분하고 기분 좋은 삶을 살고 있다. 행복은 멀리 있지 않고 가까이 있으며, 행복은 바깥에 있는 것이 아니라 안에 있다는 것을 알게 되었다. 행복은 내 마음이 평온해지면 자연스럽게 따라오기 때문이다.

지금 나는 항상 맑은 영혼으로 살고 있다. 내 맑은 영혼을 해치는 술이나 담배, 복잡한 일을 멀리하고 산다. 가끔씩 사람들은 술도 안 마시고 무슨 재미로 사느냐고 묻는다. 그들은 술보다는 순간순간 깨어서 생생하게 지금 이 순간을 사는 것이 얼마나 기쁘고 행복한 줄 모른다.

내 마음을 스스로 주시하고 관찰하면서 평화로운 마음으로 살고 있다. 명상을 모르고 살 때는 생각의 노예가 되어서 생각나는 대로 살았다. 감정의 노예가 되어서 살았고, 느낌에 따라 춤을 추면서 살았다. 하지만 명상을 공부하면서 내 마음을 스스로 컨트롤하면서 마음의 주인으로 살고 있다.

이제 명상은 내 삶의 나침반이요 내 삶의 등대이다. 명상이 함정에 빠져서 허우적거렸던 내 인생을 구제해 준 것이다. 명상이 균형과 조화를 잃고 기울어가던 내 인생을 바로 세워 주었다. 마음이 흐트러지거나 동요하려고 하면 명상으로 나를 바로 세우고 있다.

이제 명상은 내 삶이다. 내 삶에서 명상을 빼놓을 수가 없게 되었다. 명상과 함께 숨을 쉬고, 명상과 함께 먹고, 명상과 함께 자고, 명상과 함께 쉬면서 살아가고 있다. 명상은 내 삶의 기반이다. 위태로운 순간이나 두려운 순간에도 명상으로 마음을 다스리면서 흔들림 없는 삶을 살고 있다.

에고를 컨트롤하다

우리의 삶이라는 게 항상 내 문제로 고민을 한다. 마음이 괴로운 것은 나에게 매여 있기 때문이고, 내 문제에 걸려 있기 때문이다. 자기를 어쩌지 못해서 괴로워하고 힘들어하는 것이다.

세상의 모든 괴로움은 '나' 때문에 일어난다. '나'를 빼버리면 괴로움은 금방 사라지고 만다. 남이 돈을 잘 벌고 출세를 하면 순간적으로 자신과 비교하며 '나는 뭐야?' 하면서 위축감을 느끼고 속상한 이유는 모두 '나' 때문이다.

나를 괴롭히는 것은 다름 아닌 나 자신이다. 알고 보면 '나' 때문에 화가 나고, '나' 때문에 슬프고, '나' 때문에 괴롭다. 우리는 이렇게 '나'에 걸려서 넘어진다. 세상과의 시비와 다툼도 '나' 때문에 일어나는 현상이요, 모든 고통도 '나' 때문에 일어난다. 결과적으로 모든 것은 항상 '나'로부터 시작해서 '나'로 귀착된다.

여기에서 말하는 '나'는 에고를 말한다. 에고는 타인으로부터 무시당할 때 가장 견디기 힘들어하고, 자신의 신념이 부정될 때 분노를 느끼며, 남과 비교하면서 자신이 못났다고 느껴질 때 가장 슬퍼하게 된다. 하지만 그것은 마음 안에서 잠시 신기루처럼 나타났다가 사라진 '가짜 나'가 하는 짓에 불과하다.

자아를 잃어버린 바보나, 자아가 아직 성숙하지 못한 어린아이는 누구에게 무시를 당해도 전혀 상관하지 않는다. 이처럼 마음의 고통에서 완전히 벗어나려면 자아에 대한 집착에서 벗어나야 한다.

누구나 사는 동안 에고의 지배를 받고 산다. 하지만 에고에 너무 휘둘려서는 안 된다. 에고가 멋대로 춤을 추게 가만 놔두면 온갖 고민과 괴로움을 만들어낸다. 에고는 자신을 성장하게 하는 한편 자신을 편협하게 만들고 괴롭히는 적이기도 하다.

에고는 내 자신이 대단한 존재라는 잘못된 믿음이나, 나는 다른 사람과 다른 특별한 존재라는 믿음을 가지고 있다. 에고가 강할수록 더 강하게 현실을 왜곡하게 된다. 에고가 작용하기 때문에 현실을 있는 그대로 보지 못하고 왜곡해서 보게 된다.

에고가 강할수록 자기 자신을 강하게 믿는 자만심과 오만으로 나타난다. 에고가 강하면 남의 탓을 잘하게 된다. 에고는 자기를 미화하고 포장하고 합리화하려고 한다. 에고는 나에 대한 애정이 너무 강해서 자신에 대해 화살을 겨누려고 하지 않는다.

에고를 잘 다스려야 잘 살게 된다. 에고가 강해서 발전을 하기도 하지만 에고 때문에 자신의 인생을 망치는 경우도 있다. 에고는 자신을 성공으로 내몰기도 하지만 자신을 편협하게 만드는 적이기도 하다.

나도 마음공부를 하기 전에는 남 못지않게 에고가 강했다. 그래서 타인에게 우월감과 함께 열등감을 자주 느끼며 자신을 스스로 괴롭혀 왔다. 그뿐만 아니라 세상을 탓하고 타인을 탓하고 부모를 원망하고 불평불만을 자주 하였다.

마음공부를 하면서 마음이 평온해지고 정화되자 그동안 보지 못했던 내 자신이 보이기 시작하였다. 그제서야 내가 잘못된 원인의 대부분은 나에게 있었다는 것을 깨닫게 되었다. 에고로 인해서 수많은 도전과 실패와 좌절을 경험하기도 했지만 에고로 인해서 성공하기도 하였다.

내 마음공부의 핵심은 에고와의 싸움이었다고 해도 과언이 아니다. 에고가 내 안에서 어떻게 작용하는가를 알아차리고 그것을 컨트롤하면서 내 삶은 큰 변화를 경험했기 때문이다.

마음공부가 되어서인지 언제부턴가 에고에 일방적으로 끌려다니지 않게 되었다. 맑은 의식으로 깨어서 삶 속에서 일어나고 사라지는 일이나 내 마음에서 일어나고 사라지는 것들을 조용히 지켜보는 '참된 나'로 살면서 에고의 장난에서 놀아나지 않게 되었다.

개체적인 자아인 에고는 무의식의 일부이다. 에고는 마음속에서 항상 생각과 감정과 느낌, 그리고 욕구를 동반하고 나타난다. 에고는 유령처럼 순간 나타났다가 사라진다. 에고의 실체는 볼 수 없으나 분명하게 작용은 하고 있다.

에고는 마음의 작용을 자신과 동일시한다. 에고는 생각과 감정과 느낌과 욕구를 자기 자신이라고 착각을 한다. 왜냐하면 에고는 독립적인 활동을 하지 못하고 마음에 기생하여 작용하기 때문이다. 그래서 화가 나거나 슬프거나 두려워하면서 고통 속으로 빠져든다.

에고는 욕망과 정비례한다. 욕망이 커지면 에고가 강화되고, 욕망이 작아지면 에고도 약화된다. 에고는 자주 목마름과 부족감, 결핍감, 열등감, 초라함, 위축감, 왜소함, 비참함 등을 느끼면서 불만족과 분노와 불안과 우울한 마음을 불러일으킨다.

에고는 만족을 추구한다. 에고는 자신이 더 완전해지는 느낌을 위해서 부족감을 느끼고, 허전함을 채우기 위해서 만족을 추구한다. 불만을 느끼는 것도 자존감을 느끼는 것도 에고가 하는 짓이다.

에고는 자신을 자랑하고 과시하려고 하는 한편 자신의 열등한 부분은 감추려고 하는 성질을 가지고 있다. 에고에 마음을 지배당하면 남과 비교하면서 우월감을 느끼거나 열등감과 함께 위축감을 느낀다.

에고는 가만히 놔두면 나를 이리저리 끌고 다니면서 힘들게 한다. 에고를 그대로 두면 내 안에서 주인행세를 계속하면서 나를 혼란에 빠뜨리거나 고통 속으로 몰아넣는 부정적인 역할을 한다.

그렇다고 에고가 필요 없는 것은 아니다. 에고가 있어야 개별적인 삶을 운용할 수 있다. 평소에는 에고가 필요하지만 부정적인 역할을 할 때 문제가 된다. 부정적인 생각과 감정을 자신과 동일시하고, 고정관념에 빠져 있고, 자신에게 집착하기 때문에 문제가 된다.

에고의 장난을 알아차려야 한다. 에고는 생각을 먹이로 하고 감정으로 자신을 표현한다. 따라서 자신의 생각과 감정을 보면 에고의 작용을 알 수 있다. 에고는 순수의식의 바다 위에서 일어났다 사라지는 파도와 같다.

마음이 괴롭고 부정적인 감정이 올라올 때마다 에고의 장난을 알아차리고 '바다 위에서 파도가 치고 있구나', '가짜 나가 주인행세를 하는구나' 혹은 '에고가 장난을 치는구나' 하고 알아차린다.

에고에서 벗어나려면 무심하게 지내는 것이 좋다.

에고는 생각을 먹이로 해서 생존을 유지해가기 때문에 생각을 멈추고 무심하게 지내면 에고에서 벗어나게 된다. 생각을 알아차리면 그 생각이 끊어져서 순수의식의 상태로 머문다. 따라서 생각에서 빠져나와서 텅 빈 마음이 되면 하늘을 뒤덮고 있던 구름이 사라지듯이 자연스럽게 에고가 사라진다.

우리 마음은 수시로 변덕을 부리고 춤을 춘다.
우리 마음은 허약하여 이리저리 흔들리고 바
람 앞의 촛불처럼 춤을 춘다. 마음이 들뜨기
쉽고 산란해지기도 한다. 하루에도 몇 번씩 웃었다 울
었다, 기뻤다가 슬펐다가, 화를 냈다가 우울해졌다가
마음이 춤을 춘다.

　자신의 마음에 드는 대상을 만나면 마음이 거기에
끌리고, 마음에 들지 않는 대상을 만나면 싫어하는 마
음이 일어나서 멀리하려고 한다. 예쁜 아이를 보거나
잘생긴 이성을 보면 마음이 끌리고, 못생긴 사람이나
흉하게 보이는 사람을 보면 내치고자 하는 마음이 생

긴다.

돈이 많거나 지위가 높거나 자신보다 잘나 보이는 사람 앞에서는 열등감을 느끼면서 위축이 되고, 자신보다 가진 것이 없거나 못나 보이는 사람에게는 우월감을 느끼면서 거들먹거린다.

그렇게 흔들리고 요동치던 내 마음이 마음공부를 한 후로 잠잠해졌다. 바람이 잠든 호수처럼 잠잠해진 것이다. 눈앞에서 어떤 현상이 일어나도 흔들림 없이 담담한 마음으로 지켜본다. 마치 거울 속에 어떤 것들이 왔다 가든지 상관하지 않고 빈 거울처럼 차분하게 지켜보는 힘이 생겼다.

이제 어떤 일이 벌어져도 거기에 빠져서 부화뇌동하거나 허우적거리지 않고 조용히 지켜본다. 지켜보면 모든 것은 변해서 결국은 사라진다. 좋아했던 마음이나 싫어했던 마음이나, 화가 났던 마음이나 슬펐던 마음도 시간이 지나면 사라지고, 어떤 것에 끌렸던 마음도 시간이 지나면 사라져서 없어진다.

이처럼 차분하게 지켜볼 수 있게 된 것은 마음이 정화되고 공부가 된 덕분이다. 어떤 관념에 매이지 않고,

만물의 본성이 텅 비어 있는 공空이라는 것을 알기 때문이다. 모든 현상과 만물은 변해서 사라지기 때문에 거기에 매이지 않는다.

이렇게 여여한 마음을 갖게 된 것은 마음공부를 꾸준히 한 덕분이다. 옛날에 술을 먹고 담배를 피우면서 정신을 어지럽게 했던 일들로부터 멀어지고 불필요한 교제를 하지 않는 등 마음을 혼란하게 하는 일체의 것들을 멀리하고 살기 때문이다.

여러 가지 생각이 일어나고 사라져도 여여한 그 자리에서 있을 뿐이고, 희로애락의 감정이 일어났다가 사라져도 여전히 그 자리에서 지켜보고, 대상과 접촉하면서 일어나는 느낌도 어떻게 변해서 사라지는지 흔들리지 않고 그 자리에서 지켜본다.

이제 무엇이 와도, 어떤 일이 벌어져도, 내 마음을 쉽게 어지럽히지 못한다. 그냥 항상 깨어서 지켜볼 뿐이다. 거센 파도가 몰아쳐도 바다는 항상 여여하게 그 자리에 있듯이, 아무리 먹구름과 강한 폭풍우가 몰아쳐도 하늘은 항상 그 자리에서 여여하게 있듯이, 모두 그 자리에서 일어났다가 사라지는 것을 바라볼 뿐이다.

그 자리에서 보면 모두가 하나이다. 다른 듯 보이지만 하나이다. 생사生死, 미추美醜, 선악善惡은 모두 마음이 만들어낸 것이다. 그 자리에서 보면 생生도 없고 사死도 없으며, 미美도 없고 추醜도 없으며, 선善도 없고 악惡도 없다.

존재하는 기쁨 속에서 살다

명상을 공부한 후로 잃어버린 마음의 평화를
찾게 되었으며, 지금은 자주 존재하는 기쁨 속
에서 살고 있다. 이런 느낌 속에 있을 때는 다
른 조건은 필요 없다. 지금 이 순간, 바로 여기에서 존
재하고 있는 것만으로도 감사하고 기쁨을 느끼면서 살
아간다.

무심하게 지금 여기에서 숨을 들이마시고 내쉬고
있는 것, 흐르는 냇물과 산을 바라보고 있는 것, 새소리
와 바람소리를 듣고 있는 것, 피부에 와 닿는 햇살을 느
끼고 얼굴에 스치고 지나가는 바람을 느끼는 것, 향기
로운 향기를 느끼면서 차를 마시는 것.

길거리를 다니는 행인들을 바라보는 것, 아이들이 놀이터에서 깔깔거리면서 장난을 치며 노는 광경을 바라보는 것, 출퇴근할 때 지하철에 앉아서 이어폰으로 음악을 듣는 것, 친구나 동료들과 함께 음식을 먹거나 차를 마시는 것.

그렇게 일상에서 일어나는 일들을 무심히 바라보고 듣고 느끼고 있으면 마음이 평화롭고 고요해진다. 그렇게 경험하고 있을 때 나는 그대로 그 대상과 하나가 된다. 내가 그 대상이 되고, 그 대상이 내가 된다.

신선한 새벽공기를 느끼고 영롱한 아침이슬을 바라보고 앞산의 숲이 바람에 일렁거리는 광경을 볼 때, 나비가 춤을 추고 잠자리가 날아다니는 것을 볼 때, 벌과 개미들이 열심히 일하는 광경을 볼 때 마음은 평화롭고 행복감은 물안개처럼 피어오른다.

파란 하늘에 흰 구름이 흘러가는 것을 볼 때, 비가 쏟아지는 광경을 바라볼 때, 맑은 계곡물이 흐르는 광경이나 잔잔한 호수를 볼 때 존재하는 기쁨을 느낀다. 저녁노을이 지는 광경을 보거나 함박눈이 펑펑 쏟아지는 광경을 볼 때, 땅거미가 지는 고즈넉한 시간, 적막한 밤과 은은한 달빛, 맑은 하늘에 초롱초롱 빛나는 별밤과 개구리 울음소리를 들을 때 한없이 행복하고 충만해진다.

소쩍새 울음소리를 들을 때, 아기의 맑고 고운 눈망울을 바라볼 때, 어린이들의 천진한 모습을 볼 때, 시장에서 물건을 사고파는 소박한 아낙네들을 볼 때, 아름다운 음악을 듣거나 소박한 시골풍경과 잔잔한 들꽃들을 바라볼 때, 송사리가 물속을 헤엄쳐 다니는 것을 볼 때, 여름밤에 풀벌레소리를 들을 때 나는 존재의 기쁨을 마음껏 누린다.

이렇게 있으면 마음속에서 잔잔한 기쁨이 무지개처럼 피어오른다. 살아 있는 기쁨과 함께 지금 이 순간에 존재하고 있는 기쁨을 느낀다. 이렇게 혼자서 아무 일 없이 조용하게 있을 때 나는 풍성하게 존재하게 된다.

깨어 있는 사람은 소유보다는 존재에 초점을 맞추고 산다. 마음공부가 된 사람은 소유의 노예로 살지 않고 존재하는 삶을 산다. 평생 동안 소유를 좇는 사람은 전방의 소총수처럼 전투하듯이 살고, 참으로 존재할 줄 아는 사람은 향유하면서 인생을 즐긴다.

소유는 온갖 괴로움을 불러오지만, 존재할 줄 알면 기쁨 속에서 산다. 깨닫지 못한 사람은 짧은 인생을 돈의 노예가 되어 똥파리처럼 살고, 깨달은 사람은 아름다운 꽃을 찾아다니는 나비처럼 즐기면서 살아간다.

존재하는 기쁨은 그 무엇과도 바꿀 수 없는, 그냥 그렇게 있음으로 느끼는 행복이다. 존재의 기쁨을 누리는 데는 어떤 조건도 필요 없다. 마음을 텅 비우고 지금 이 순간 펼쳐지고 있는 세상을 편안한 마음으로 느끼고 경험하면 존재하는 기쁨을 느끼게 된다.

하지만 마음이 번뇌와 망상에 빠져 있거나 근심과 걱정, 욕망과 집착에 빠져 있으면 이러한 잔잔한 존재의 기쁨을 누리지 못한다. 그래서 무엇보다도 순간순간 존재할 줄 알아야 한다. 우리가 사는 목적은 존재하기 위한 것이지 무엇을 소유하기 위한 것이 아니기 때문이다.

진정으로 존재할 줄 알면 내가 그대로 우주요 영원한 생명이라는 것을 깨닫게 된다. 존재하게 되면 생사를 뛰어넘는 기쁨을 맛보게 된다. 존재하게 될 때 세상 사람들이 좇는 부귀영화는 한 줌의 모래알도 안 된다는 것을 깨닫게 된다.

　참으로 존재하면 한 줌밖에 안 되는 권력, 뜬구름 같은 명예, 돈과 욕정에 갇힌 세계에서 벗어나 드넓은 세상을 만나서 충만한 기쁨을 맛보게 된다. 이 기쁜 소식을 맛보면 세상의 그 어떤 것에도 쉽게 유혹당하지 않고 평화로운 삶을 이어가게 된다.

조화로운 삶을 살다

조화로운 삶은 평화롭다. 조화로운 삶은 아름답다. 여러 가지 꽃들이 함께 조화를 이루는 화단을 보면 아름답다. 서로 다른 일곱 가지 색깔이 조화를 이루는 무지개를 보면 아름답다. 주변과 조화를 이루고 세상과 조화를 이루고 살아가는 삶은 아름답다.

지혜로운 자는 어디에서든지 조화를 이루고 살 줄 안다. 가정에서도 직장에서도 사회에서도 항상 균형과 조화를 이루면서 살아야 한다. 그것이 평화를 지키는 길이요, 행복해지는 길이며, 그것이 잘 사는 길이다.

조화를 이루지 못하는 것은 결국은 나 때문이다. 나

를 비우면 세상은 평화롭다. 나를 빼버리면 세상은 아무런 문제가 없다. 모든 문제와 괴로움은 나로부터 비롯된다. 내가 있기 때문에 문제가 생기고, 여러 고민이 생기고, 괴로움이 생긴다. 내가 없는 세상은 절대평화다.

공부가 안 된 사람은 사람을 차별한다. 학식이 많고 돈이 많고 지위가 높은 사람일수록 타인을 차별하는 경향이 있다. 돈이 없다고 차별하고, 못 배웠다고 차별하고, 지위가 낮다고 차별하고, 종교가 다르다고 차별하고, 출신학교를 가지고 차별을 한다.

하지만 높고 낮음, 부자와 가난한 자, 학식이 많은 자와 적은 자는 하나로 연결되어 있다. 지위가 높은 사람은 낮은 사람이 있기 때문에 그 자리에 있고, 부자는 가난한 사람들이 있기 때문에 부를 누리고 산다. 궂은 일을 하는 사람이 있기 때문에 세상은 돌아가고 자신이 편안하게 산다. 못 배운 사람이 받쳐 주기 때문에 자신이 편안하게 좋은 직장에서 근무를 한다. 못난 사람이 있기 때문에 상대적으로 잘난 사람이 돋보이게 된다.

무지하기 때문에 타인을 무시하고 차별을 한다. 큰

차원에서 보면 모두가 나이기 때문에 그 누구도 차별할 수 없다. 내가 누구인지를 알면 아집과 아만심이 사라지게 된다. 내가 누구인지를 모르기 때문에 욕심을 부리고 집착을 한다. 공부가 되면 차별심이 사라지고 평등심이 자리 잡게 된다.

마음공부가 되면서 우리는 모두 서로 기대고 살아가는 존재이며, 모든 존재는 서로 연결되어 있다는 것을 깨닫게 되었다. 나는 나 아닌 것으로 이루어져 있으며, 내 삶은 타인의 은덕으로 지탱하고 있다는 것을 알게 되면서 보다 더 겸허한 마음으로 살게 되었다.

마음공부가 안 된 사람은 아집이 세고 아만심이 강하다. 공부가 된 사람은 사고가 유연하다. 성인으로 추앙을 받는 공자의 특징 중 하나가 '무고毋固'였다고 한다. 어떤 것에 고집을 부리지 않는다는 뜻이다.

공부가 안 된 사람은 에고의 지배를 받고 살지만, 공부가 된 사람은 '참나'로 살게 된다. 공부가 안 되면 자기밖에 모르는 '작은 나'로 살지만, 공부가 되면 세상 모두가 자신임을 아는 '큰 나'로 산다. 나는 내 안에서 '참나'를 발견한 후부터 모든 존재는 신성을 가지고 있으며 평등하다는 것을 깨닫게 되었다.

　나는 마음공부가 될수록 조화로운 삶이 중요함을 더 깊이 느끼게 되었다. 타고난 천성 때문인지 남과 싸우고 사는 성격이 못 되지만, 타인도 나와 똑같이 소중한 존재라는 것을 깨닫게 되자, 내가 편안해지면서 누구와 불편하게 지내거나 대립하면서 싸울 일이 없어진 것이다.

　조화를 이루고 살려면 자신을 낮출 줄 알아야 한다. 조화를 이루고 살려면 상대방을 존중하고 배려할 줄 알아야 한다. 조화를 이루고 살려면 양보하고 질 줄 알아야 한다. 마음공부가 되면 자신을 낮추게 되고 상대방을 존중하고 배려할 줄 알게 된다.

　그런 마음은 마음이 정화되고 평화로워지니까 자연스럽게 깨달음과 함께 찾아오게 되었다. 마음이 괴로우면 주변과 조화를 이루지 못한다. 평화로운 마음을 지니고 있어야 주변과 조화를 이루고 화평하게 살 수 있다.

　자신이 누구인지를 깨닫고 마음을 비우면 모든 것이 원만해진다. 나를 비우면 조화로운 삶을 살게 된다.

나를 내세우려고 고집하고 아만심을 지니고 살기 때문에 주변과 불협화음을 일으키고 다투게 된다.

조화로운 삶이란 균형과 조화이다. 세상을 살아가는 데는 균형과 조화만큼 중요한 것이 없다. 균형과 조화를 이루고 살려면 중용과 중도를 알아야 한다. 지나치지도 부족하지도 않는 중용中庸의 삶, 어느 쪽에도 치우치지 않는 중도中道를 알아야 한다.

자비심을 지니고 살다

마음공부를 한 후로 변화된 것 중의 하나는
마음속에 점차 자비심慈悲心이 생기게 되었다
는 것이다. 마음공부를 해 오는 동안 마음속에
남아 있던 미워하고 원망하는 마음이 줄어들고 점차 자
비심이 늘어난 것이다.

　모든 사람과 모든 존재가 사랑스럽게 보이고 때로
는 안쓰러워 보인다. 사무실에서 마주치고 상대하는 직
원들이 모두 사랑스러워 보인다. 길거리에서 오며 가며
만나는 사람들이 사랑스러워 보이고, 허약해 보이는 노
인들이나 병약자를 보면 안쓰러워 보인다.

　왜냐하면 우리는 서로서로 기대고 사는 불쌍한 존

재이기 때문이요, 서로서로 도움을 주고받는 소중한 관계이기 때문이다. 자기 혼자의 힘만으로 살아가는 존재는 이 세상에 아무도 없다. 모든 존재가 상호작용하면서 생명활동을 하고 있다. 인간은 서로가 서로에게 기대고 살아가고, 온갖 동물과 식물의 도움을 받아서 생존하고 있다.

허공을 날아다니는 곤충들이나 노래를 부르는 여러 새들이나 물속에서 헤엄쳐 다니는 다양한 종류의 물고기들도 사랑스럽게 보이고, 우리들 가까이에 함께 사는 개나 고양이, 닭, 소. 돼지 등 짐승들도 사랑스러워 보인다.

자세히 살펴보면 모두 불쌍한 존재들이다. 짧은 한 생애를 살아가느라고 저마다 힘들게 애쓰는 사람들을 보면 연민이 느껴진다. 힘없는 노약자들뿐만 아니라 젊고 건강한 사람들이나, 다른 동물들도 저마다 살아가는 모습을 보면 연민을 느낀다.

누구나 그렇게 느끼는데 새삼스럽게 그걸 이야기할 필요가 있느냐고 할지 모르지만 내 경우에는 그렇지 않았다. 마음치유가 되기 전에는 모든 것이 부정적으로 보이고 모든 사람이 사랑스럽게 보이지 않았기 때문이다. 타인의 장점보다는 우선 단점만 보였고, 좋은 점은 보지 못하고 나쁜 점만 눈에 들어왔었다.

그렇게 내 마음이 삐뚤어져 있었다. 그러니 모든 것을 사랑스러운 눈으로 보거나 사랑으로 느끼지 못하고, 부정적으로 단점만 보면서 살았던 것이다.

마음공부를 한 후로 마음이 정화되면서 그동안 갇혀 있던 의식이 활짝 열리게 되었다. 나밖에 모르는 '작은 나'에서 이웃과 세계를 하나로 여기는 '큰 나'로 거듭나게 된 것이다. 그런 과정 속에서 서서히 아물지 않는 아픔과 상처투성이의 마음이 치유되어 긍정적으로 생각하고 타인과 세상이 사랑스럽게 보이기 시작한 것이다.

자비심을 지니고 사는 사람이 인생을 잘 사는 사람이다. 그렇게 사는 사람은 타인도 행복하게 하지만 자신도 행복하게 되기 때문이다. 자비심이란 다름 아닌 타인을 사랑하고 가엾이 여기는 마음이다. 적극적으로 타인이나 이웃에게 즐거움을 주는 것이 자慈요, 괴로움을 없애는 것이 비悲다.

10여 년 이상 사람들과 함께 명상공부를 하면서 많은 사람들의 마음이 치유되는 데 나름 도움을 주었다고 생각한다. 적극적으로 그들을 즐겁게는 해주지 못했으나 마음을 편안하게 해주고 괴로움에서 벗어나게 했으니 나름대로 자비행慈悲行을 실천하면서 살았다고 할 수 있을 것 같다.

우주와 하나가 된 삶을 살다

많은 사람들이 자신을 바다 한가운데에 외로이 떠 있는 섬처럼 고립된 존재로 인식하면서 살아간다. 자신을 타인이나 세상과 분리된 존재라고 생각한다. 이처럼 자신을 분리로서 경험하고 살아간다.

그것은 '작은 나'에 갇혀 있기 때문이다. 허무맹랑한 종교와 비과학적인 문화의 영향을 받아서 그런 사고를 하게 된 것이다. 사후에 신의 심판을 받아서 천당이나 지옥에 간다는 허무맹랑한 교리에 빠지면 평생 우물 안의 개구리가 되어서 살게 된다.

나도 마음공부를 하기 전에는 그렇게 살았다. 그래

서 외롭고 허전하고 불안하고 무섭고 두려웠다. 나만 생각하고 내 욕심을 채우면 되는 줄 알았다. 타인이야 어찌 되든 세상이야 어찌 되든 상관없이 나만 잘되면 되는 줄 알았다.

사람들이 그토록 돈에 집착하고 명예와 권력을 좇는 것도 알고 보면 불안과 두려움에서 벗어나기 위한 발버둥이고, 자신의 허약하고 열등한 부분을 채우고 싶어서이다.

'작은 나'에서 '큰 나'로 거듭나야 한다. 나는 육신에 갇힌 작은 존재가 아니라, 나는 우주이며 자연 자체라는 것을 깨달아야 '큰 나'로 거듭날 수 있다. 명상상태에서 생각의 지배에서 벗어나 세상을 경험해 보면 나는 분리된 적이 없는 자연이요 우주라는 것을 깨닫게 된다.

세상에서 자신 혼자만의 힘으로 살아가는 존재는 아무도 없다. 모두가 남의 도움과 은덕으로 살아가고 있다. 모든 존재는 서로 연결되어 있다. 우리가 매일 받는 밥상은 여러 동물과 식물의 희생으로 이루어져 있으며, 수많은 사람들의 피와 땀이 서려 있고, 해와 달과 별들이 모두 동원되어 있다. 그러니까 밥 한 그릇에도 우주가 참여하고 있고, 수많은 존재들이 합심해서 만들어낸 창작물이다.

꽃은 혼자만의 힘으로 꽃을 피울 수 없다. 꽃이 피려면 해와 공기와 바람과 땅이 필요하고, 적당한 온도와 물이 필요하다. 내가 생존하려면 해와 달과 별과 지구가 있어야 하고, 조상이 있어야 하고, 여러 종류의 식물과 동물이 있어야 하고, 수많은 사람들이 있어야 한다.

바다에서 파도가 끝없이 생겼다가 사라지기를 반복하지만 파도는 한 번도 바다를 떠난 적이 없는 바다 그 자체이다. 이처럼 눈을 크게 뜨고 보면 나는 우주이며, 우주를 벗어난 적이 없다는 것을 깨닫게 된다.

내 생명은 어디에서 왔는가? 자연의 작용에 의해서 생겨난 것이다. 나는 우주에서 온 것이다. 우주지성이 그렇게 한 것이다. 장자莊子가 말했듯이, 자연은 자본자근自本自根하면서 자생자화自生自化한 것이다. 자연은 자기조직성의 원리에 따라서 스스로를 근본으로 하고 스스로를 뿌리로 하여 스스로 생겨나고 스스로 변화하면서 존재하는 것이다.

나는 내 것이 아니다. 나는 자연의 부속품이다. 몸 안에 있는 수많은 세포들이 몸에 부속되어 있듯이 나는 자연에 부속되어 있다. 나는 내 의지와 관계없이 태어나고 내 의지와 관계없이 죽게 되며, 내 의지와 상관없이 생로병사의 길을 따라 간다.

옛날에 시골 빈집에서 혼자 살면서 명상을 하다가 내가 그대로 우주라는 것을 체험하게 되었다. 짙은 안개가 걷히면 가려져 있던 푸른 산이 선명하게 살아나는 것처럼, 생각의 장막에서 벗어나자 손톱만큼도 의심할 것이 없이 아무런 경계가 없는 세계가 내 눈앞에서 펼쳐지고 있었다.

온갖 생각과 관념으로 오염된 마음이 쉬게 되자 생각으로서가 아니라 실제로 자타불이自他不二와 주객합일主客合一의 세계를 경험한 것이다. 그 순간의 경이와 희열과 자유로움을 잊을 수가 없다.

'나'라는 존재는 거대한 대양에서 수시로 생겨났다가 사라지는 포말이요, 우주에 부유하는 먼지에 불과하다. 거대한 바다에서 끝없이 파도가 생겼다가 사라지고 또 생기고 사라지기를 반복하듯이 우주에서는 끝없이 다양한 모습의 생명체들이 생겨났다가 사라지기를 반복한다.

나는 자연에서 와서 자연에서 살다가 자연으로 돌아간다. 나는 죽으면 소멸되는 허망한 존재가 아니라 거대한 자연의 질서에 따라서 함께 변화해 갈 뿐이다.

나는 지금도 우주와 한 몸이 되어서 살아가고 우주와 함께 변화하고 있다. 나는 우주와 분리된 적이 없고 분리될 수도 없는 존재이다. 내가 죽어서 육신이라는 허물을 벗으면 우주가 된다. 나의 사대육신은 원소로 분해되어 우주공간으로 흩어지고, 나를 이끌고 다니는 의식은 본래의 자리인 우주의식으로 합일된다.

나는 우주와 한 몸으로 살아가고 있다. 그래서 깨달은 이들은 신을 섬기지 않는다. 신은 인간이 창조해낸 허구적인 존재요, 자연을 의인화해서 신이라고 한 것이기 때문이며, 내가 생명이요 도道요 신이라는 것을 알기 때문이다.

나는 자연이다. 나는 우주다. 그래서 깨달은 이들은 불생불멸不生不滅이요 불래불거不來不去라고 한 것이다.

태어나지도 죽지도 않고, 오지도 가지도 않는다는 뜻이
다. 파도가 바다를 떠난 일이 없는 바다 자체이듯이, 나
는 자연을 벗어난 적이 없고, 우주를 떠난 적이 없는 우
주 자체요 자연 자체인 것이다.

무심하게 살다

이제는 무심하게 사는 날이 많아졌다. 무심하게 지내다 보면 평온하고 사는 것이 기쁘고 행복해진다. 순간순간 숨 쉬는 것을 바라보면서 평온과 기쁨을 느끼고, 세상 풍경을 바라보면서 기쁨과 행복을 느낀다.

하지만 옛날에는 항상 온갖 잡생각들로 머릿속이 복잡했고, 한없는 분별망상을 피우면서 살았다. 끝없이 타인을 분석하고 비교하고 해석하고 평가하면서 살았고, 때때로 내 자신까지도 평가하고 해석을 하면서 괴로워하였다.

무심하게 산을 바라보고 있으면 평화롭다. 무심하

게 강물을 바라보고 있으면 평화롭다. 무심하게 비 내리는 풍경을 바라보고 있으면 마음이 한없이 평온하고 고요해진다. 그 순간 나는 산이 되고, 강이 되고, 풍경이 된다. 나는 하늘이 되고, 구름이 되고, 나무가 되고, 숲이 된다.

무심하게 저녁노을을 바라보고, 무심하게 밝은 달을 바라보고, 무심하게 꽃을 바라볼 때 내 마음은 잔잔한 호수가 된다. 무심하게 바람소리를 듣고, 무심하게 빗소리를 듣고, 무심하게 새소리를 듣고, 무심하게 개울물 소리를 듣고 있으면 내면에서 희열이 피어오른다.

무심할 때 지금 이 순간을 생생하게 음미할 수 있으며, 무심할 때 있는 그대로의 세상을 경험할 수 있고, 무심할 때 온전히 존재하게 된다. 무심할 때 우리는 살아 있는 기쁨과 존재하는 기쁨을 누릴 수 있으며, 참된 인생을 즐길 수 있다.

무심하지 않으면 온갖 사념에 빠져서 온전히 있는 그대로를 경험할 수 없다. 무심하지 않으면 온갖 잡생각과 오염된 관념의 눈으로 세상을 보고, 덧씌워진 개념을 가지고 접근하기 때문에 있는 그대로의 참된 세계를 맛볼 수 없다.

무심은 수행이다. 무심만큼 좋은 수행은 없다. 무심하면 명상이 된다. 무심할 때 자기존재에 대해 눈을 뜨게 된다. 무심할 때 비로소 에고에서 벗어나 참된 자아와 만나게 된다. 무심할 때 근원에 도달하게 된다.

무심하게 지내다 보면 깨닫기 위해서 노력하지 않아도 자연스럽게 깨닫게 된다. 무심하면 깨어 있게 된다. 무심하면 순간순간을 알아차리게 되고, 세상과 분리되지 않는 자신을 발견하게 되고, 우주와 하나가 된 채 전체적인 삶을 살 수 있다.

나는 자주 무심수행을 한다. 생각을 멈추고 무심하게 바라보고, 무심하게 듣고, 무심하게 느낀다. 생각의 필터링을 거치지 않고 바로 보는 게 무심이다. 생각이 일어날 때 알아차리면 무심의 자리로 다시 돌아오게 된다. 무심하게 지내면서 단순한 일을 한다. 무심하게 음악을 듣고, 무심하게 차를 마시고, 무심하게 식사를 한다. 무심하게 청소하고, 무심하게 설거지하고, 무심하게 걷는다.

그렇게 판단 분별없이 무심하게 살다 보면 마음이

평온해진다. 무심하면 지금 여기에 현존하게 된다. 무심이 깨달음의 삶이며 '참나'로 사는 길이다. 무심의 세계에 들어가면 분별망상과 차별경계가 사라진 절대세계에 도달하게 된다.

무심하면 본래의 나로 살 수 있고 우주와 합일된 삶을 살 수 있다. 무심하면 부분적인 삶이 아니라 전체적인 삶을 살 수 있다. 무심하면 에고의 지배를 받지 않게 되어 그 순간 온전히 깨어 있게 된다.

무심하면 생각과 느낌이 만들어낸 허구적인 세계에서 벗어나 자신의 본성을 깨닫게 되고, 무심할 때 존재의 근원에 이르게 된다. 무심하면 무아가 된다. 무심하면 삶이 소풍이 된다. 무심하면 삶이 춤이 된다.

무심하면 신을 만나게 되고, 무심하면 부처를 만나게 된다. 무심하면 내 안에 부처가 있고 신이 있다는 것을 깨닫게 된다. 무심하면 내 안에서 신과 부처를 만나고 밖에서도 만나게 된다.

조치영

30대 초반에 첫 직장을 상사와의 갈등으로 그만둔 뒤, 식당 운영, 정당 사무처 근무, 경기도의원, 사업체 운영 등 다양한 일들을 하였으나 좌절과 실패를 맛보았다.

이런 일들로 인해 정신적으로 방황을 하다가 오랫동안 살던 도시를 벗어나 한적한 시골마을 산골 집에서 혼자 2년간 살면서 마음공부를 하였다.

이후 구도자의 삶을 살기로 작정을 하고 5년 동안 본격적으로 명상 공부와 심리상담 공부를 한 후 10여 년간 대학교와 관공서에서 시민들과 공무원을 상대로 명상교육을 하였다.

한때 '한국명상심리지도사협회'를 설립하기도 하고 '마음평화명상센터' 원장을 지내기도 하였다. 또한 우석대학교 객원교수로 활동하였으며, 최근에는 공기업 임원으로 일을 하였다.

동국대학교 인도철학과를 졸업하였고, 서불대에서 명상학을 공부하여 석사학위를 받았으며, 충남대 대학원에서 철학박사 학위를 받았다.

지은 책으로 『나를 만나는 기쁨』, 『지금 이대로 좋은 삶』이 있다.

■ email : onlynowhere@daum.net

명상이 가져다 준 선물

초판 1쇄 인쇄 2022년 1월 21일 | 초판 1쇄 발행 2022년 1월 28일
글쓴이 조치영 | 펴낸이 김시열
펴낸곳 도서출판 운주사

(02832) 서울시 성북구 동소문로 67-1 성심빌딩 3층
전화 (02) 926-8361 | 팩스 0505-115-8361
ISBN 978-89-5746-672-8 03180   값 11,000원
http://cafe.daum.net/unjubooks 〈다음카페: 도서출판 운주사〉